Cómo Conseguí

Mi Primer Millón

Sin Dinero y Sin Empleo...
En Bienes Raíces

©John Ortega™ 2019®

©John Ortega™ 2019®

Facebook

https://www.facebook.com/John-Ortega-1833894006837889/

Johnortegazambrano@gmail.com

Agradecimiento:

"Nunca sabes qué tan fuerte eres hasta que ser fuerte es tu única opción".

A mi familia, y en especial a mi hija, por estar siempre ahí a pesar de todo.

Índice

¿Por qué este libro?

Lo que puede hacer este libro por ti

¿Qué cadenas tienes tú?

¿Por qué somos cómodos?

Todos amamos el dinero no el trabajo

La tontería del prójimo

Tu ventaja sobre cualquier otro

Nadie decidirá por ti

Matando a tus enemigos

Todos tuvimos amigos que se alegraron al vernos caer

Una carrera a campo traviesa

Este cerebro idiota

La mejor persona que te puede convencer

Sé aprendiz toda la vida

Felicidad o Riqueza... ¿Por qué no ambas?

¿En serio crees que es mala suerte?

La decisión es tuya

¿Por qué este libro?

Diez años atrás las grandes ideas que en ese entonces parecían tales, hoy no son más que ideas obsoletas. Así mismo, otras ideas que al principio parecían absurdas se han convertido en hechos que han cambiado el mundo y su forma de mirarlo para siempre. No siempre las mejores ideas reciben los aplausos desde sus inicios. Y no siempre tenemos la oportunidad de cambiar nuestro destino volviendo a elegir nuevas cartas en este juego que se llama destino. Las cartas que te tocó son las que tendrás que jugar. Y puestos a jugar, es mejor conocer de antemano las reglas del juego. Es así de simple.

Lo malo es que si no conoces las reglas del juego tú serás la diversión de otros. Así de sencillo. Y de este juego nadie puede excusarse. O juegas y te diviertes sabiendo las reglas o tú serás quien divierta a los demás jugadores a costa de tu sufrimiento. Y te cuento que este juego es un maestro bastante cruel con quienes se empeñan en no aprender. Te repite la lección una y otra vez hasta que la asimiles. Y cuando uno no lo asimila, no asume la lección y aprende, sucede aquello que solemos llamar duda existencialista: ¿Por qué a mí?

Y no es que aprender las reglas del juego sea demasiado complicado o requiera de un esfuerzo sobrehumano. No. Las reglas del juego son bastante sencillas y fáciles de aprender. Solo se requiere de un mínimo de sentido común y dos dedos de frente. Son tan sencillas que hasta un niño de diez años puede aprenderlas. De hecho, son los niños los que están más propensos a ganar este juego. Y tampoco se necesita ser genio o de mente brillante para ganar este juego. En su mayoría, gente con escasos o pocos estudios universitarios juegan este juego y han ganado bastantes veces. Esa gente es la que tiene oportunidad de volver a elegir lo que, a otros que no conocen las reglas del juego, solo les está permitido lamentarse.

En 1995, el mundo sufría una terrible depresión económica y la era industrial estaba agonizando para dar paso a la era digital, a la era de la información. Cientos, miles, millones de empleos estaban siendo pulverizados con la automatización. Lo que antes solía hacerse en días o semanas, con la tecnología se lograba en un abrir y cerrar de ojos. El juego había cambiado pero las reglas seguían siendo las mismas. Quienes nunca aprendieron las reglas se aferraban a sus trabajos antiguos y veían cómo poco a poco, el esfuerzo de toda su vida se iba esfumando. Se negaron a aprender las reglas del juego y les costó caro. En vez de jugar y divertirse conociendo las reglas del juego, les tocó ser ellos los que divertían a los demás jugadores Los que sabían las reglas se volvieron millonarios. Aprendieron a usar ese cambio a su favor para sacar ventaja y volverse millonarios. Porque sabían las reglas del juego. Aun cuando el juego había cambiado las reglas seguían siendo las mismas.

Si eres uno de aquellos que saben las reglas del juego y las aplicas correctamente, sabrás a lo que me refiero. Muchos sonríen de manera irónica y simplemente voltean a otro lado con ese aire de superioridad que les da la ignorancia y la soberbia. La ignorancia y la soberbia se pagan muy caro en este juego. Son las que más cuestan a quienes las poseen. Dicho de otro modo, son los pasivos más grandes que alguien puede tener. Son los que más dinero te sacan del bolsillo. No solo te sacan dinero del bolsillo, impiden que el dinero entre a tu bolsillo, pues mientras más grandes sean estos pasivos, mayor será el obstáculo que se interponga entre tú y tus logros.

Quienes poseen estos pasivos se resisten a escuchar a los demás y creen saberlo todo, o, cuando menos, creen que lo que saben es suficiente para ellos. Critican ideas nuevas y se aferran con uñas y dientes a las suyas. Aun cuando sus ideas ya se han demostrado que carecen de sentido común y sus prácticas nos han llevado a la ruina. Son gente que los han educado para creer que ahorrar es inteligente. Son gente que las entrenaron para ser el apalancamiento de alguien más. Alguien al que no le interesa que tú o yo conozca las reglas del juego. Un ejemplo bastante práctico –y patético- de lo que digo son los banqueros. Cuantas veces no los hemos escuchado decir a través de la televisión o el internet que ahorrar es la mejor alternativa que un ciudadano común puede tomar. Un "ciudadano común" es el apelativo que nos ponen los bancos para ciudadano tonto. Si ahorrar para ellos es tan inteligente, me pregunto por qué ellos no ahorran entonces. Si poner dinero en una cuenta de ahorro para que el banco te pague un 10% de interés al año y ese mismo dinero el banco lo presta a otra persona —que podrías ser tú mismo- a un 30%, me pregunto ¿dónde está lo inteligente para el ciudadano común? Sin duda es una buena idea ahorrar... para ellos. Pero para nosotros es una idea pésima. Y lo que es más triste y doloroso, si tú tienes una empresa y quiebras, la inversión que hiciste se va con ella. Te quedas sin nada. Esa es la ley para el empresario. Arriesgar su capital. Con los bancos sucede lo contrario, si un banco está a punto de quebrar el Estado tiene la obligación de rescatarlo con el dinero de la "gente común" para evitar su caída. Los bancos en crisis son rescatados con el dinero de la gente común; cuando están en auge, son únicamente los accionistas de ese banco los que se lucran de las ganancias, sin tomar en cuenta a la gente común. Es una práctica desleal y antiética pero desgraciadamente respaldada por muchos gobiernos bajo el pretexto de resguardar la economía de un país, pues muchos creen que la quiebra de un banco tendría serias consecuencias en la economía del país en que se encuentra, más aún si casi siempre la quiebra de un banco acarrea la consabida reacción en cadena de los otros bancos. Y no se ponen a pensar que esa "reacción en cadena" se debe más a "colusión" que "reacción" pues aquí no se trata de salvar la economía de un país sino el bolsillo de unos cuantos que sin importar nada buscan hacer prevalecer sus apetitos por sobre cualquier otra cosa.

Para 1990, con la desaparición de la era industrial y la llegada de la era de la información, quienes tenían su dinero en los bancos vieron cómo sus ahorros desaparecían. Y junto a ellos todas sus esperanzas de lograr una jubilación digna. Millones de personas pasaron de clase media-alta a pobres en un abrir y cerrar de ojos. Y los causantes de esa crisis todavía tienen el descaro de volver a decirte que ahorrar es de inteligentes. No se necesita tener una maestría en economía para darse cuenta que mil dólares de hoy ya no compra lo mismo que mil dólares de hace un año. Eso no te pueden explicar los que te aseguran que ahorrar es buena idea.

Pero siempre los escucharás decir que ahorrar es de inteligentes.

Y así hay muchos ejemplos de "reacción en cadena" que lastimosamente solo perjudica al ciudadano común.

Desgraciadamente, cada cierto tiempo, en cada censo se deja en evidencia la creciente brecha que separa al hombre común de quienes conocen las reglas del juego. De los pobres y clase media con los ricos y millonarios.

Entonces, ¿por qué este libro?

En 1999, con 30 años a mis espaldas, yo también fui víctima del salvataje bancario. El atraco más grande que jamás haya existido en ninguna otra parte del mundo por parte del gobierno a favor de los bancos. Millones de personas que creímos que "ahorrar era buena idea" vimos cómo nuestros ahorros eran "confiscados" y convertidos en polvo. Quien haya vivido en Ecuador en esa época sabrá de lo que hablo. Millones de personas fuimos estafados. Y ni un solo banquero ha rendido cuentas. Hay uno que está metido dentro de una jaula de oro. Y otro que a estas alturas quiere ser presidente. Se aprovecharon del desconocimiento de las reglas del juego de la mayoría de nosotros y eso nos costó caro. Si alguien me habría enseñado las reglas de juego no habría caído en su trampa. No habría perdido los ahorros de mi vida. Habría sabido que ahorrar es una pérdida de tiempo y me hubiera abierto los ojos para distinguir entre buenos asesores y buitres. Habría sabido la diferencia entre invertir y ahorrar. Hubiera utilizado a los banqueros para mi propio fin y no le habría confiado mi dinero a alguien que no estaba velando por mi bienestar.

Pero siempre los escucharás decir que ahorrar es de inteligentes.

Por eso dije al principio de este libro que este juego de la vida es tan buena maestra que si no aprendiste la lección te la vuelve a repetir hasta que o aprendes la lección o acaba contigo. Yo aprendí la lección. No solo la aprendí. Me aseguré de no volver a cometer ese mismo error nuevamente. Fue muy doloroso el proceso de aprendizaje y práctica pero luego de un tiempo se vuelve sencillo y, a veces, monótono. Hoy, luego de 15 años, el resultado final es completamente satisfactorio. Y no es que el proceso de aprendizaje y práctica se haya terminado, no. Es un proceso que dura toda la vida, pero cada vez es mucho más sencillo seguir el proceso. Una vez que lo hagas parte de tu vida la cosa se vuelve "natural" en ti. Se vuelve parte de ti.

Y aunque al principio te parezca demasiado frustrante saber la diferencia entre ahorrar e invertir trataré de explicártelo lo más sencillo posible para que esta etapa de aprendizaje no se vuelva frustrante. Recuerda que al comienzo todo nos puede parecer abrumador debido al desconocimiento, pero es precisamente debido a ese desconocimiento que nos lleva a asumir que todo es arriesgado, y lo que vamos a hacer es, poco a poco, cambiar nuestra mentalidad con conocimiento.

Ahorrar o Invertir. ¿Qué debo hacer?

Esta pregunta se nos ha cruzado muchas veces por la cabeza, sobre todo al comienzo cuando uno no tiene idea cuál es la diferencia entre uno y otro. Entonces, el primer paso para identificar el momento estratégico de dirigir nuestros recursos hacia el ahorro o la inversión, es, lógicamente, identificar qué es cada una de estas herramientas.

¿Qué es ahorrar?

En palabras sencillas y claras es destinar o reservar una parte de los ingresos para un fin determinado. Tan simple como eso.

Y los ingresos que se decide guardar no necesariamente deben ser ingresos excedentes. *Hay quienes dicen o creen que solo se puede ahorrar cuando hay excedentes. Eso es un error. Precisamente porque no se tiene excedentes es necesario destinar una parte de nuestros ingresos para reunir un monto que nos permita invertir.* Se pueden evitar gastos que muchas veces son innecesarios o se puede cambiar gastos innecesarios con otros que no solo son necesarios sino imprescindibles, como el de invertir. ¿Cómo evitar gastos innecesarios? Por ejemplo, evitando por un tiempo salir al bar con los amigos, anulando la suscripción al gimnasio para ejercitarnos en la casa, comprarnos ropa no tan seguido, etc.

Así, si cada mes se recibe unos ingresos de 1000 dólares –solo es un ejemplo- y antes se destinaban los 1000 dólares para cubrir la mayoría de las necesidades básicas, ahora, evitando estos gastos, habrá unos cuantos dólares de excedentes que se pueden destinar a gastos que pueden esperar y que no son tan urgentes. Pero si se decide guardarlos, entonces, en definición se está ahorrando.

¿Qué es Invertir?

Es transformar ese excedente de dinero en uno o varios activos, sean estos bienes o servicios con el objetivo de hacerlos crecer, dicho de manera simple, es incrementar el capital. No tengo otra manera más sencilla de explicarlo.

Conociendo esta diferencia es más sencillo tomar una decisión entre lo que queremos y lo que nos conviene. Entonces, ¿ahorrar o invertir?

Ahorrar es un mal negocio, a menos que seas un banquero. Ahorra solo el tiempo límite para invertir. Apenas reúnas suficiente dinero para empezar a invertir, hazlo y deja de ahorrar. Ahorrar es como competir en una carrera de caballos donde tú no montas un caballo sino un asno. La inflación te alcanzará y te comerá vivo. Siempre he dicho que mil dólares de hace un año, no compran lo mismo que mil dólares hoy. Si no me crees, trata de comprar algún artículo al mismo precio que hace un año.

Déjame decirte que, si empiezas a ahorrar desde hoy cinco dólares diarios, desgraciadamente, jamás te harás millonario. Tienes más probabilidades si empiezas desde hoy a invertir la misma cantidad, en un fondo de inversión —que en activos en papel son la peor elección— a una tasa de interés normal. Aunque te harás millonario, te tomará, al menos 45 años lograrlo. Pero la idea es que veas que aún en esta inversión, que es a mi criterio, la menos conveniente para empezar a invertir, tiene más ventajas que ahorrar. Te lo digo nuevamente: ahorrar es un buen negocio si tú eres el banquero.

Además, hoy por hoy, se tiene la ventaja que se puede empezar a invertir con muy poco dinero. Aunque los ingresos que obtengas sean bastante bajos, pues depende del monto invertido, en comparación al rendimiento en ahorros, su diferencia es abismal. Así que ahora ahorrar o invertir ya no debe ser un dilema, invertir debe ser para todos una prioridad.

Lo que puede hacer este libro por ti

Una vez leí "El dinero es una idea" y me quedé en blanco. Por más que forcé a mi cerebro a tratar de entender e interpretar correctamente aquella frase, no lo logré. Esa frase estuvo rondando en mi cabeza como un intruso por mucho tiempo. Pregunté a unos cuantos que se suponían eran entendidos en materia de dinero, pero seguían sin darme una respuesta satisfactoria. Al menos para mí las respuestas que escuchaba no eran satisfactorias. Le pregunté en una ocasión a un asesor financiero qué significaba para él la frase "El dinero es una idea" y su respuesta me dejó estupefacto. "Es porque todo el mundo piensa en dinero", me dijo. Y mi cara de asombro ante su estupidez él la confundió con admiración porque continuó hablando sin ningún empacho sobre lo que para él significaba la frase "El dinero es una idea". Por supuesto, yo ya me había desentendido de él y sus explicaciones apenas había escuchado la primera frase.

Habían pasado ya cinco años desde que me había quedado sin un centavo de mis ahorros, tenía en casa dos niños y una nena de apenas cinco años y sobrevivíamos de puro milagro. Apenas si lograba conseguir un empleo que me permitía llevar comida a la casa y así pasar hasta que llegaran tiempos mejores.

En aquellos tiempos apenas si podía conseguir el alimento del diario por lo que pensar en conseguir una casa donde vivir con mi familia se me hacía nada menos que imposible. Vivíamos en casa de mi madre que al principio le había dicho que sería solo por un pequeñísimo tiempo, mientras conseguía algo mejor. Ese pequeñísimo tiempo había sido ya cinco años.

En esos cinco años que pasaron después que mis ahorros se desvanecieron intenté trabajar de todo. Traté de aprender de todo para poder empezar un pequeño negocio "de lo que sea" que funcionara... para mí. Todos mis esfuerzos eran inútiles. Si no me quedaba sin dinero, el negocio no marchaba bien. Tenía cero ventas y miles de deudas. En mi frustración culpaba a todos los que me rodeaban. Veía a todos como los causantes de mi desgracia y mi mala racha.

Era desesperante comenzar el día, sin dinero, y terminar el día sin dinero, pero con más deudas.

Y seguía sin saber qué demonios quería decir la frase "El dinero es una idea".

Pero, ¿qué demonios tiene eso que ver con el propósito de este libro? Lo que es más, ¿en qué te beneficiará a ti, que quizá estás pasando por lo que yo pasé hace más de 15 años, que yo te cuente esto?

Quizás en nada. Quizás en poco. O quizás en todo. Depende únicamente de ti que lo que está dentro de este libro sea de tu provecho o no. Lo cuento porque quiero que te des una idea de lo que yo tuve que pasar para poder conseguir lo que me propuse. Lo cuento porque quiero que sepas que jamás las cosas para mí fueron fáciles o sencillas al principio. Yo no tuve al comienzo alguien que me enseñara lo que tenía que hacer para lograr lo que quería. Yo no tenía una guía, un mentor, un libro o alguien a quien recurrir en busca de consejos. Verdaderos consejos que te puedan ayudar a conseguir tu bienestar y satisfacción económica. Yo tuve que aprender las reglas del juego de una manera bastante cruel. Me costaron los ahorros de toda mi vida. Mi empleo que se suponía debía servirme para ganarme la vida también se evaporó con esta hiperinflación. Casi sin darme cuenta era un hombre sin dinero, sin empleo, sin ahorros y sin casa. Casi sin darme cuenta pasé de clase media-alta a pobre. En un abrir y cerrar de ojos. No tenía nada. Y estaba convencido que, si no aprendía a jugar de acuerdo a las reglas, jamás iba a conseguir nada.

Por eso te cuento esta historia. Aquella vez, hace quince años, para mí fue bastante difícil conseguir quien me ayude o me guíe para conseguir mis metas. No sabía nada de las reglas del juego. Y no sabía qué demonios significaba "El dinero es una idea" pero algo dentro de mí me decía que era la respuesta a mis interrogantes sobre qué es lo que tenía que hacer para lograr lo que la mayoría de la gente busca. Un trabajo del que disfrute haciéndolo y que le paguen lo suficientemente bien como para no preocuparse nunca más de buscar empleo. Así de sencillo.

Hoy, con ayuda de la tecnología, conseguir aquello es mucho más sencillo que hace quince años. Te pones delante de una computadora y buscas inversionistas para alguna idea tuya. Tipeas tus ideas en la computadora, las subes a internet y ya tienes un libro que se puede vender. Te sobra algo que tienes en la casa, abres el navegador, lo publicas en Amazon o EBay y ya lo vendes sin necesidad de ponerte en una esquina a esperar a que te lo compren.

Hace quince años pensar en eso para mí era prácticamente un imposible. Aún no se podía hacer. Conseguir quien crea en tus ideas lo suficiente como para poner dinero en esa idea era una tarea titánica. El hacer una presentación para cada grupo de personas interesadas en tu idea era sencillamente abrumador. Y ni se diga buscar quiénes puedan ser tus posibles inversionistas. La lista se reducía a un minúsculo grupo de amigos. No más. Y si no lograbas llegar a despertarles el interés a ese grupo, eras hombre muerto financieramente. Ya no podrías convencerlos de ningún proyecto más.

Hoy es más sencillo. La tecnología nos ha facilitado las cosas de manera impresionante. Con un celular te grabas planteando tus ideas, lo subes a YouTube y en menos de lo que canta un gallo todo el mundo sabe de ti. Si tu idea es buena no esperarás mucho tiempo. Así han surgido miles de ideas y se han descubierto miles de talentos que sin la tecnología no habrían sido descubiertos jamás. Hoy es más sencillo lograr nuestras metas. Hoy es mucho más sencillo aprender las reglas del juego. Cada cierto tiempo el juego cambia, pero las reglas siguen siendo las mismas. Para aprender las reglas del juego no se requiere de mucho talento o una habilidad excepcional. Solo requiere mucha dedicación al principio. Una vez que ésta se adapte a tu modo de vida, "El dinero es una idea" dejará de ser un misterio sin resolver para ti. "El dinero es una idea" formará parte de tu vocabulario y empezarás a crear tu propia idea de dinero. "El dinero es una idea" pasará a ser en tu cabeza "Una idea es dinero", de la misma manera en que muchos aseguran que "el tiempo es oro". *La gente que ha aprendido las reglas del juego sabe lo que tienen que hacer para convertir el tiempo en oro y hacer que una idea se transforme en dinero.*

Hace quince años, aprender esta lección significó mucho esfuerzo y sacrificio para mí. Puesto que no tenía quien me guiase en mis propósitos tuve que aprender a base de muchos errores para ir puliendo lo que en verdad servía. Era prueba y error. Me tomó mucho más tiempo del que ahora, con la ayuda de este libro, te tomará a ti. Pero eso no quiere decir que será fácil, no. Todo aquello que vale la pena merece su esfuerzo. Y todo aquello que queremos tiene su precio. Y si lo quieres y estás dispuesto a pagar el precio, lo conseguirás. Debes entender que, en la vida, cuando se habla de pagar un precio, no necesariamente se habla de dinero. Muchas de las veces es algo que la gente no está dispuesta a pagar. Yo no tenía un solo centavo para empezar. No tenía un empleo estable. Estaba quebrado pero deseoso de intentar una y otra vez. Tenía todas las ganas de conseguir lo que siempre había soñado. Pero cuando entendí que lo que tenía que pagar no era necesariamente dinero, en muchas ocasiones traté de abandonar mis metas. Muchas veces me sorprendí a mí mismo inventando un montón de excusas y pretextos para no seguir. Para justificar mí fracaso.

Y eso te pasará a ti.

El precio que yo tuve que pagar fue tiempo. La ignorancia de no tener una idea de qué demonios significaba "El dinero es una idea", al principio me costó dinero. Me quedé sin ahorros por confiar en lo que muchos decían: "ahorrar es de inteligentes". Y eso me llevó a la ruina. Sin empleo y sin dinero, para aprender el verdadero significado de "El dinero es una idea" tuve que pagar con lo único de valor que poseía en ese momento: tiempo. Y para mí fue mucho tiempo. Me tomó diez años de mi vida aprender e implementar lo que aprendí. Me tomó otros dos años empezar a ver resultados de mi prueba y error. Como te dije hace un momento yo no tenía quien me guíe. No tuve un mentor que me indicara el camino correcto a seguir. Tuve que aprenderlo por mí mismo. Pero me aseguré de que cada error que cometía me sirviera para seguir adelante con más cuidado... con más sabiduría. Y de cada error aprendía una gran lección. No estaba seguro si lo que estaba haciendo iba a funcionar cien por ciento. Pero lo que sí estaba seguro, y era lo que me servía de combustible para seguir aún contra toda lógica, era que no quería estar contando cada centavo para poder llegar a fin de mes.

Eso me hacía levantarme cada mañana e intentarlo una y otra vez. Eso me hacía ver cada fracaso como una lección para no desfallecer. Eso me hacía enfrentar mis miedos más terribles que, a medida que avanzaba, iban aflorando. Y a medida que avanzaba, mi confianza, mi "suerte" en los negocios se iba incrementando. Hoy aún peleo contra esos fantasmas que están dentro de mi cabeza. Pero ya no les temo. Sé que son inofensivos. Sé que yo soy más fuerte que ellos.

Este libro no tiene nada de mágico. Pero este libro sacará los fantasmas más terribles que tienes guardados dentro de tu cabeza. Te obligará a enfrentar a aquella terrible bestia de cien mil cabezas que llevas metida dentro de tu cabeza y que no te deja llegar a tu objetivo. Y solo depende de ti que mates a la bestia o te rindas nuevamente a ella con las mismas excusas que has utilizado siempre para no asumir tu responsabilidad. Este libro no te ayudará en nada que tú mismo no puedas hacer. Este libro solo te señalará donde está la bestia y serás tú el que tenga que reunir el valor para acabar con ella. Todos tenemos el poder de acabar con la bestia. Todos tenemos el valor de tomar la decisión correcta. Pero no todos tenemos el suficiente coraje y la suficiente determinación de ir hasta el último rincón a buscar a la bestia y acorralarla para acabar con ella. Ese es el precio que a muchos se les pide que paguen para conseguir sus metas. No todos lo logran. No todos están dispuestos a pagar el precio de enfrentar a la bestia. La bestia les gana la batalla y prefieren vivir contando los centavos para poder llegar a fin de mes.

Esa bestia se llama miedo. Y para todos tiene sus propias cadenas. Ya verás a lo que me refiero más adelante.

¿Qué cadenas tienes tú?

Antes de 1999, año en el que nuestra economía colapsara, mi mayor miedo era que si me ponía un negocio, éste fracasara. Y ese temor me hizo tener mi dinero –en realidad no era muchísimo dinero, pero eran los ahorros de toda una vida de trabajo- dentro de las garras de esos buitres que, aún hasta hoy, se hacen llamar asesores financieros. Dicho de otro modo, mi dinero estaba a merced de los banqueros. Cada vez que digo esto me imagino dejando a mi gato cuidando un pedazo de carne con la esperanza de que no se lo coma. Jamás sospeché lo que se avecinaba. Sabía que estábamos pasando por una crisis, pero nunca imaginé que perdería mis ahorros. Incluso hasta hoy, quince años después, me cuesta asimilar esa idea. Pero como dije, si le doy a mi gato que cuide un pedazo de carne, la culpa no es del gato. Eso tampoco justifica que los banqueros se hayan festinado nuestros ahorros. La idea es que tomes conciencia que, si hubiéramos tenido un poquito de conocimiento sobre lo que significa ahorrar, no hubiéramos caído en aquella tormenta. Jamás nos hubiera tragado ese remolino.

Pero nos tragó.

En aquella época, antes de aquella negra noche, mi temor se centraba en eso, en que mi negocio no funcionara y que yo tuviera que empezar nuevamente desde cero. Tenía muchísimas ganas de ser empresario, pero no me seducía para nada la idea de fracasar y empezar de nuevo. Y siempre posponía aquella idea. Pero quería ponerme un negocio. Hace muchos años, cuando yo era apenas un muchacho conocí por casualidad un vecino que solía trabajar haciendo casas para luego venderlas. Y a mis trece años, aquella idea me pareció genial. Cuando le pregunté a mi vecino cuánto necesitaba para yo poder empezar a hacer lo mismo que él, me sonrió y dijo: "Si empiezas a ahorrar desde ya quizá te tome unos treinta años". Aquello fue mortal para mi entusiasmo así que lo olvidé. Me centré más en pensar en negocios sencillos. Talvez una despensa, una panadería, un puesto de verduras, etc. Cosas así. No se veían nada complicados y se me antojaban ideales para mí. No sabía cómo funcionaban, pero me imaginaba haciéndolo bien. Pero yo quería un negocio. No tenía ni idea de qué, pero quería un negocio. No quería fracasar. Y pensaba que ese era mi mayor miedo.

Estaba equivocado. Ese error también lo descubrí de mala manera.

Cuando nos sorprendió la crisis —en realidad siempre estábamos en crisis solo que aquella vez se agudizó porque nos arrebataron nuestros ahorros—, miles de negocios desaparecieron y con ello también se esfumaron miles de empleos. El mío apenas duró un mes después de la crisis. Y entonces supe que lo que yo creía era mi mayor miedo no era nada comparado a lo que sentía después de estar dos meses sin empleo, sin ahorros, sin comida y con dos niños pequeños que no tenían idea de lo que estaba pasando. El miedo a que cualquier negocio que pusiera no funcionara pasó a segundo plano y fue reemplazado por el temor —no era temor, era pavor— a no poder conseguir dinero para poder poner comida en la mesa. Eso me hacía dormir como pirata: con un ojo abierto y el otro cerrado. Y el temor a que mi negocio no funcionara ya ni existía en esos momentos. En apenas cinco meses desde aquella noche negra, yo ya había intentado 5 negocios. Viajaba a otra ciudad a comprar mercadería para luego revenderla en el mercado de mi ciudad los fines de semana. Había tomado unas clases relámpago sobre cómo elaborar desinfectante para pisos y me encargaba de prepararlos y envasarlos para luego venderlos recorriendo de puerta en puerta.

De ciento setenta y cinco libras que pesaba llegué a pesar ciento quince. Hubo noches en las que, abrazado a mis hijos, me puse a llorar.

Esa fue la forma en la que descubrí que ponerme un negocio y fracasar no era mi mayor miedo. El monstruo que yo tuve que enfrentar, acorralar y matar era el miedo a vender.

Cuando estaba bajo la sombra de mi empleo seguro me era casi imposible lograr hablar en público. Me paraba frente a mis compañeros cuando solíamos festejar los cumpleaños de cada uno y había que dedicarles unas cuantas frases de elogio o agradecimiento y para ello nos hacían para frente a casi una veintena de compañeros. Y eso era como una sentencia de muerte para mí. Apenas sentía la mirada de ellos en mí, una oleada de pavor me invadía el cuerpo, me paralizaba y mi cerebro se iba de vacaciones dejando mi cuerpo a merced de aquel horripilante monstruo de cien mil cabezas.

Cuando me quedé sin empleo y tuve que enfrentar a la gente para empezar a vender lo que tuviera en mis manos como único medio para conseguir el pan del día, mi sufrimiento fue indescriptible. El primer día que me vi parado en pleno mercado ante tanta gente que se atropellaba por conseguir llegar a su destino, casi me desmayo. Estuve a punto de sufrir un infarto. Eran las ocho de la mañana, un precioso sol se asentaba en plena plaza central, junto al mercado donde yo estaba siendo torturado, y lo único que quería era salir corriendo de allí. Estaba pálido —no podía verme el rostro, pero estaba seguro que mi rostro frío se debía a la palidez-, en plena mañana soleada sentía un frío de muerte que me recorría el rostro, la espalda y la nuca. Las manos me sudaban, las piernas me temblaban y cada vez que quería decir algo la boca se negaba a articular palabra alguna.

Pasaron muchas horas en las que me debatía entre abandonar todo esto y rendirme o quedarme allí tratando de vender la mercadería que tenía, en la que había invertido dinero prestado. Hasta que ganó la necesidad. Cien veces me imaginé regresando a casa con la mercadería sin vender y otras cien veces me vi con las manos vacías, sin nada que poner en la mesa si hacía eso. Y entonces fue que me tocó decidir entre enfrentar a la bestia o dejar que me devore. Convencido que no moriría allí ni de un ataque al corazón ni de vergüenza, me armé de valor y decidí actuar. Para vencer el maldito miedo que me paralizaba decidí que lo mejor era aprenderme solamente unas cuantas frases, estrictamente necesarias —pero infalibles— para convencer a quienes las escucharan.

Y, cuatro horas más tarde, estaba en mi casa contando esta anécdota a toda mi familia, riéndonos, pero con toda la mercadería vendida.

De allí en adelante, enfrentar a la bestia me resultaba pan comido. Pero dominé completamente ese miedo en casi un año. Luego, buscar un lugar donde vender mercadería me resultaba emocionante. Casi divertido. También me ayudó a conocer más lugares y gente interesantes. Aunque aún permanecía el temor de no conseguir lo suficiente para llegar a fin de mes, el miedo a vender ya era un reto superado. La cadena que me sujetaba al monstruo de cien mil cabezas se había roto.

Aunque aún quedaban muchos miedos que superar, el hecho de haber superado mi mayor temor me hacía nuevamente soñar con una vida más confortable.

Me lo debía a mí y a mi familia.

¿Por qué somos cómodos?

Casi todos sabemos lo que queremos y lo que tenemos que hacer. Pero no lo hacemos o lo hacemos a medias. Casi todos no hacemos nada para cambiar aquello que nos impide lograr nuestros propósitos.

¿Por qué?

El precio a pagar les parece demasiado alto. El monstruo de cien mil cabezas les parece demasiado inmenso, invencible. Por eso cuando le preguntas a alguien qué haría si tuviera un poco de dinero lo primero que dice es que se pondría un negocio. Si insistes en preguntar qué tipo de negocio se pondría, te contesta que "de lo que sea", lo importante es poner el negocio. Y allí termina el tema para la mayoría de la gente. Se pondría un negocio, aunque no tenga idea de qué va el asunto. Y luego nos preguntamos por qué demonios no nos va bien en el negocio que pusimos. Y dos o tres años después nos vemos diciendo adiós a nuestro negocio y a nuestro capital invertido allí.

Triste. Pero real.

Sabemos lo que tenemos que hacer y no lo hacemos. O lo hacemos a medias. Si yo hubiera seguido en mi empleo creo que jamás hubiera superado mi miedo a hablar en público, y, por ende, jamás habría aprendido a vender. De eso estoy casi seguro. Puedo decirles que mi respuesta hubiera sido: ¿Para qué, si ya tengo empleo? Y mi empleo era bien remunerado, otra razón poderosa para seguir enquistado en mi zona de confort.

Pero al cambiar mis circunstancias, mis prioridades cambiaron. Sin empleo, sin dinero, sin ingresos y sin ninguna posibilidad de que un milagro viniera en mi auxilio, las cosas tomaron otro sentido para mí. Pasar de tener un gran empleo, ahorros considerables y comida suficiente en la mesa a no tener absolutamente nada, te aseguro que te crea un stress que si a mí no me dio un infarto es porque Dios es más grande y bondadoso de lo que muchos creen por ahí. Pasé de estar cómodo dentro de mi zona de confort a una zona de cacería donde la presa eres tú.

Pero eso me sirvió de gran ayuda. Ojalá que este no sea ahora tu caso, pero sí deberías ponerte a pensar que muchos de nosotros preferimos estar dentro de nuestra zona de confort a enfrentarnos a ese gigantesco animal de cien mil cabezas que nos atormenta todos los días. Y desgraciadamente, muchos de nosotros necesitamos enfrentar circunstancias extremas para poder sacar desde dentro de nosotros ese guerrero capaz de vencer a ese horripilante monstruo de cien mil cabezas. Porque nadie se enfrentará a esa bestia por ti. Nadie, absolutamente nadie, peleará esa batalla por ti. Por eso es que creo ciegamente en la frase que dice: "La necesidad es inventora". Y si alguien puede dar testimonio de la veracidad de esa frase, te aseguro que soy yo. Inmerso en mi necesidad, preso en el pánico de mi desesperación de conseguir cómo llegar a fin de mes con algo de comida en la mesa, me las ingeniaba de una y mil maneras para poder lograrlo. Ahora, si de algo estoy seguro, es que se puede salir de cualquier situación, por muy adversa que ésta sea, gracias a la disciplina, a la tenacidad y a la iniciativa. Ahora más que nunca la frase "El dinero es una idea" tiene más sentido para mí.

Cuando estuve tentado en abandonar aquella frase que, al no tener hasta ese momento una explicación lógica para mí, se me antojaba estúpida, tuve la oportunidad de escuchar a unos vendedores de bienes raíces que ofrecían la posibilidad de invertir en unas viviendas que estarían destinadas para alquiler.

Eso me sonaba más a fraude que a oportunidad. Y de engaños yo ya estaba curado. Pero entré. Más por curiosidad de saber cómo ellos trataban de vender su producto que por el producto mismo. Fue allí que mi idea abandonada del negocio de mi vecino empezó a revivir nuevamente. Escuché dos horas de exposición y estrategias de ventas que me dejaron absolutamente impresionado. Escuchaba a uno de ellos —eran dos expositores que actuaban al mismo tiempo interactuando entre sí— que parecía como si en realidad supiera lo que estaba hablando. Y respondía las preguntas de los asistentes con una claridad y precisión que me dejaron asombrado. Podía decirse que conocía su trabajo hasta la perfección. De eso no me quedó la más mínima duda. Y supuse que tendría las respuestas a todas las dudas de los presentes. Y, por qué no, a cualquier otra duda.

Y se me ocurrió preguntarle qué demonios significaba "El dinero es una idea". Allí él tendría la oportunidad de demostrarme si en realidad era tan inteligente como demostraba con su trabajo o solo era producto de la repetición constante de frases hechas.

Si su exposición de trabajo fue excelente para mí, su explicación de la frase "El dinero es una idea" no pudo ser mejor aún.

—En realidad quiere decir que, así como una idea nace de la nada en tu cabeza, el dinero también puede ser creado de la nada, en tu cabeza.

—Explícate —le dije un poco confundido todavía.

Él sonrió al ver mi cara de apremio.

—Verás. Una idea es solo eso si se queda en tu cabeza. No tiene valor. Pero si logra salir de allí —me tocó la cien con su dedo— y tomar forma, entonces sí tiene valor. Lo mismo pasa con el dinero, si solo lo piensas se queda allí, dentro de tu cabeza. Pero si logra salir de allí en forma de idea de negocios, de inventos, de patentes, tomará forma. Y se hará realidad. El dinero es una idea es lo mismo que decir una idea es dinero. Cuando uno trabaja para crear una idea, el dinero le viene por añadidura, pero cuando uno trabaja por dinero no siempre logra ese cometido.

Esta vez yo sí tenía cara de asombro.

Él prosiguió:

—En bienes raíces hay muchas ventajas. Puedes trabajar en crear ideas que ayuden a cubrir la necesidad no solo de una sola persona. Puedes ayudar a mucha gente y de paso estarás creando ingresos permanentes para ti de por vida. Nosotros estamos creando unos bloques de departamento que servirá para alojar a mucha gente que no tiene un lugar donde vivir. Son departamentos de lujo medio asequibles a cualquier familia. Con esto resolvemos en parte la necesidad de mucha gente de tener un hogar y por otro lado ofrecemos la oportunidad de invertir a la gente de clase media que no tiene la posibilidad de invertir en grandes compañías inmobiliarias con una rentabilidad que está dentro de lo aceptable. Con eso tratamos de cubrir dos puntos que son muy importantes para nosotros a la hora de invertir dentro de lo que son bienes raíces: el bienestar del inversionista y el consumidor. Aquí todos salen ganando.

— ¿Y cómo yo podría empezar en bienes raíces sin tener dinero?

—Muy fácil —el tipo hablaba como si todo aquello fuera lo más natural del mundo para él. En ningún momento sentí que su intención era menospreciarme—. Primero tienes que saber la diferencia entre inversionista en bienes raíces y comerciante de bienes raíces. Para lo primero no siempre necesitarás dinero y siempre ganarás, para lo segundo si no tienes dinero jamás venderás nada y aunque logres vender, no siempre ganarás.

—¿Y qué son ustedes?

—Inversionistas en bienes raíces —me sonrió.

Todos amamos el dinero, no el trabajo

Recuerdo que con apenas nueve años tenía que levantarme a las cinco de la mañana para ir a vender periódico. Cuando no estudiaba vendía periódicos o lustraba botas. O me iba al mercado a cargar bultos por cualquier moneda. Trabajaba como indio solían decir en mi vecindario. Buen muchacho, los escuchaba decir muchas veces a varios vecinos.

En realidad, odiaba trabajar. Detestaba dejar de dormir a las cuatro y media de la mañana para ir a vender periódico para ganar una miseria que no alcanzaba para nada. Pero si no lo hacía no comía. A esa edad recuerdo que soportábamos una pobreza extrema que rayaba en la indigencia. Mi madre trabajaba como empleada doméstica y mi otro hermano menor y yo vendíamos periódico. Era un viacrucis que soportamos hasta que casi cumplí los once años. Hasta que alguien se "apiadó" de mí y me dio trabajo de ayudante de zapatero. Y de ese trabajo mejor no voy a hablar.

Pocos son los afortunados que tienen la suerte de trabajar en lo que verdaderamente les gusta. En lo que aman. Yo tuve innumerables empleos. Solo en la época después de la crisis ejercí más de treinta oficios. Ya casi no recuerdo qué vendía. Pero si encontraba algo que se podía vender, lo vendía, eso es seguro. Y eso que era de los que nunca se decidían a poner su propio negocio. Pasé años con esa indecisión. No había nada ni nadie que me hiciera dar ese salto. Llegó la crisis y en menos de cinco años había tenido alrededor de cuarenta negocios. A medida que iba conociendo más y más ese mundo, iba dando un paso más adelante. Arriesgaba un poquito más. En aquella época no me importaba si ese negocio resultaba o no. Lo intentaba y punto. Si resultaba bien, bien por mí. Si resultaba mal, lo dejaba y a otro asunto. No tenía tiempo para lamentarme. Hoy tan solo tengo unos cuantos negocios que verdaderamente me satisfacen. Pero todos los que he tenido me han ayudado a adquirir experiencia. Sigo buscando oportunidades de negocios, pero ahora tengo la ventaja de poder elegir si invierto o no. Hace quince años no tenía esa ventaja. Lo hacía y punto. Era prueba y error. Y desgraciadamente casi siempre perdía. Era mi desesperación por dar con ese negocio que me saque de aquella incertidumbre de no saber si llegaría bien a fin de mes o no.

Después de hablar con aquel tipo de los bienes raíces las cosas fueron aclarándose un poco más para mí. Con una definición más clara sobre lo que significaba la frase "El dinero es una idea" y con las palabras que me había dicho estaba más seguro sobre a qué negocio apuntar. Nuevamente regreso a mi cabeza la idea de mi vecino que hacía casas para la venta. Y esa idea me agradaba. Pero desgraciadamente no tenía un solo centavo. Y por si fuera poco se necesitaba muchísimo dinero —peor para mí que no tenía un centavo— para empezar a construir, aunque sea la casa más sencilla. Ya se me presentaba el primer inconveniente y ni siquiera empezaba a poner en marcha ese negocio. Pero, acostumbrado como estaba a no disponer de liquidez para mis negocios, empecé a idear una estrategia que me ayudaría a conseguir, por lo menos, para empezar con este negocio.

Tenía la ventaja de ya no tener miedo a implementar un negocio nuevo. Aquel temor de que el negocio no funcione ya no existía. Y en cuanto a vender, a estas alturas era ya pan comido. Me consideraba capaz de venderle hielo a un esquimal.

Pero enfrentaba otro problema que me rondaba la cabeza todos los días. ¿Cómo conseguir dinero para empezar? Todos los otros negocios que había puesto hasta ahora no requerían tanta inversión. Se solucionaban con unos cuantos dólares aquí, otros pocos allá. Y listo, el negocio echaba a andar. Y es que en realidad aquellos no eran propiamente negocios que se podían llamar así. No eran empresas. Se trataban básicamente de comprar mercadería al mínimo para que me resultara al por mayor y yo lo revendía a cierta cantidad con un margen de ganancia. Eso era todo. Este era diferente. Aquí ya debía implementar ciertas cosas más que eran nuevas para mí. Y eso me daba cierta cosquillita en el estómago. Y el riesgo era mayor. Mucho mayor. Pero era lo que estaba deseando y ese era un punto a mi favor. Tenía que encontrar la manera de conseguir lo suficiente para invertir y echar a andar este nuevo negocio lo más rápido posible si quería salir del hoyo económico en el que estaba metido, de modo que empecé a barajar opciones que pudieran ayudarme en eso. ¿Quién podría ayudarme a conseguir ese capital? ¿Quién podría decirme cómo conseguir ese capital?

La respuesta la obtuve unos días después al leer un anuncio en el periódico sobre bienes raíces que ofrecía obtener ingresos extras sin invertir un solo centavo. Cuando acudí al lugar, movido más por la curiosidad que otra cosa, me topé con la sorpresa de que eran los mismos que hace unos días atrás habían dado la conferencia sobre invertir en un proyecto de bienes raíces que estaban creando.

Lógicamente me apunté a las charlas y allí empezó realmente mi aventura en bienes raíces. Fue justo a partir de aquellos dos días que duró el seminario, y que no me costó ni un solo centavo, que mi cabeza empezó a pensar y a actuar de forma muy diferente a como había pensado y actuado hasta entonces. Fue allí cuando verdaderamente tuvo sentido para mí la frase "El dinero es una idea". Fue allí cuando comprendí que lo que yo estaba haciendo no era otra cosa que "construir la escalera de otro" en lugar de construir mi propia escalera.

Ellos dijeron una frase de Steve Jobs que aún hasta hoy la recuerdo y que impactó enormemente en mi subconsciente: "Si no estás trabajando para cumplir tus sueños, seguramente estás trabajando para cumplir el sueño de alguien más". Luego de esos dos días supe que debía empezar mi propia escalera y abandonar la escalera de "alguien más".

Con dos hijos pequeños y una nena ya de más o menos cuatro años empecé mi travesía hacia lo que yo llamé "salto de fe". Cerré los ojos y me lancé al abismo. Un abismo que muchas veces me hizo dudar de mí mismo, me llenó de incertidumbre y puso a prueba mi determinación.

Pero, emocionalmente, me enriqueció sobremanera. Y me convenció completamente que, aún en las peores circunstancias, no existe nadie en este mundo que deba confiar más en mí, que yo mismo. Es en esa travesía, cruzando ese abismo donde todos tus miedos e incertidumbres afloran, que descubres tu verdadera vocación por lo que haces. Porque es allí donde realmente valoras tu esfuerzo y sacrificio a cambio de, muchas veces, ninguna recompensa económica. Es allí donde muchos deciden volver atrás y olvidarlo todo. Es allí donde descubren que el precio a pagar por lo que quieren es demasiado alto.

La tontería del prójimo

Cada cierto tiempo suelo empezar de cero para crear un nuevo negocio. Es mi pasión. Es lo que descubrí cuando atravesé mi propio abismo. Y me encanta hacerlo. Independientemente de si mi nuevo negocio resulta bien o no, me encanta hacerlo. Eso es lo que disfruto. Me apasiona. Cada vez que empiezo a idear un nuevo negocio y echarlo a andar me emociono hasta el delirio. No sé, pero ese sentimiento es solo comparable con el que sentía cuando jugaba con mis hijos cuando eran pequeños. Nos divertíamos tanto haciendo tonterías y media que yo deseaba que aquel momento no terminara nunca. Y esos recuerdos son más valiosos todavía para mí pues en aquella época yo apenas si lograba poner comida en la mesa. Pero sin importar aquello, los momentos en familia para mí eran verdaderamente maravillosos. Me hacían ver que todo en esta vida valía la pena. Que sin importar cuántas veces hayas caído o si tenías dinero o no la vida siempre se podía disfrutar a manos llenas. Me hacían entender que la vida no solo era una búsqueda incesante de bienes materiales. La vida te pone frente a situaciones difíciles, pero también te pone frente a situaciones maravillosas. *Es una cuestión de elección si uno decide disfrutar o no aquellos momentos maravillosos y atesorarlos como el bien más preciado que uno puede tener para luego recordarlos y volverlos a vivir plenamente. Eso para mí es haber vivido plenamente*. Quizá esté equivocado, pero para mí es así. No lo puedo explicar de otra manera. Y así cada quien disfrutará de sus propios recuerdos y tendrá sus propios tesoros guardados. Otra cosa es perseguir un sueño que nos hace infelices creyendo que nos dará felicidad o permanecer en una realidad que nos llena de desdicha, sacrificando todo aquello que nos podría hacer la vida más agradable. Eso es una tontería.

Perseguir el sueño de convertirnos en millonarios sin importar qué hagamos o a quién lastimemos me parece una misión de tontos. O permanecer en un empleo que nos desagrada solo por no tener la valentía de dar ese salto de fe hacia nuestros sueños también me parece suicida. La tontería del prójimo se hace más evidente cuando, sin importar su conocimiento se muestra reacio a aceptar un cambio en su mente y, por tanto, en su comportamiento o conducta, más aún si ésta está claramente relacionada con lo que le provoca malestar. Tampoco se debe perseguir un sueño a costa de cualquier precio. No. Así solamente seríamos buitres en busca de carroña. Y a nadie le gusta tratar con buitres.

La razón por la que yo decidí atravesar mi abismo fue porque quería mejores días para mí y mi familia. Y estaba convencido que, si no hacía algo al respecto, lo más probable era que aún a estas alturas estuviera tratando de juntar cada centavo para llegar a fin de mes. Esa es una trampa de la que, si no aprendes las reglas del juego, difícilmente puedes salir. Mi idea no fue conseguir dinero porque sí. Mi idea era no volver a pasar por lo que había pasado. Y para ello hacía falta más que solo tener dinero. Hacía falta tener conocimiento de las reglas del juego. Puedes tener mucho dinero, pero si no sabes las reglas del juego, más tarde o más temprano te quedarás sin él. En 1999 gente que tenía muchísimo más dinero que yo en los bancos también los perdió. Y aunque miles de años luz después les devolvieron sus ahorros, su valor real ya no fue el mismo. Recibieron su dinero con un 85% menos de su valor. Y como te dije antes mil dólares de hoy no compran lo mismo que mil dólares de hace un año.

Y hay quienes aún creen que ahorrar es buena idea. Son quienes ni siquiera se atreven a mirar hacia su abismo. Peor se arriesgan a cruzarlo. Los mismos que les han metido en la cabeza que ahorrar es de inteligentes los han convencido que enfrentarse al abismo es demasiado riesgoso. Y prefieren tener su dinero en el banco y rezar porque no vuelva a pasar lo mismo de aquella vez.

Cuando les dije a varios amigos que estaba ideando un plan que —en aquella primera ocasión me pareció prudente no llamar negocio a mi plan— podría sacarnos de apuros, me miraron con terrible fijeza y murmuraron con cierto reproche en sus palabras:

—No puedes hacer eso. Se necesita estar loco para hacer eso —y luego de varios segundos en los que parecieron meditar bien mis palabras, sentenciaron—: ¿Quién crees que confiaría en ti? ¿Y si lo pierdes todo? ¿Cómo aseguras que no fallará?

Por supuesto, no podía asegurarles que no fallaría. Mi plan no era infalible. Ningún plan lo es. Pero se puede minimizar los riesgos para obtener mayores posibilidades de no fracasar. De más está decirles que no confiaron en mí. Eran mis amigos. Tenían casi la misma necesidad que yo y buscaban lo mismo que yo. Y, sin embargo, no se atrevieron a desafiar sus temores. Miraron tan solo unos segundos sus abismos y huyeron despavoridos ante lo que les pareció una locura.

Hoy solo uno de ellos trabaja para mí. Trabaja para mí, no conmigo. Y todos ellos aún luchan por llegar bien a fin de mes. Quince años después ellos siguen estando exactamente donde yo les mostré sus abismos.

Triste, pero real. Hasta el día de hoy ellos aseguran que lo que yo tuve fue suerte. Sabían hasta el último detalle de mi plan a seguir, y siguen creyendo que el resultado es producto de la suerte. Conocían los pros y los contras y también les hablé de aquel monstruo de cien mil cabezas que debían enfrentar. Y como una especie de locura colectiva se niegan a aceptar que la suerte no tuvo que ver con el resultado. Dicen que para el que cree ninguna explicación es necesaria; y para el que no cree, ninguna explicación es posible. Puedo pasar horas y horas junto a ellos —como ya lo he hecho antes— tratando de explicarles nuevamente los detalles de mi plan, pero nunca conseguiré quitarles esa idea de su cabeza. Y con ese pensamiento, ellos también esperan que algún día —al igual que a mí— les sonría la suerte.

Es por eso que a veces la tontería del prójimo me deprime porque no importa cuántas veces o con cuánta intensidad insistas en hacerle ver lo que es tan obvio, él continúa metido dentro de su burbuja, convencido de su realidad. Se asemejan a la hormiga de un cuento que me contaba mi madre cuando yo era pequeño. Había una hormiga que nació a las seis de la mañana y murió a las seis de la tarde de ese mismo día. Murió convencida que no existía la noche. Y nadie jamás pudo convencerla de lo contrario. Su realidad solo se limitaba a ese pequeño lapso de tiempo en el que no existía la posibilidad de la noche. Del mismo modo existen personas, como mis amigos que, para ellos, al igual que aquella hormiga, no existe la noche. No se explican cómo alguien puede haber logrado todo lo que tiene con tan solo seguir un plan. Les parece una locura. Y sin embargo sueñan con tener mejores empleos, mejores sueldos, mejores ingresos o un buen negocio. No saben que ya tuvieron esa oportunidad y la desaprovecharon. La tontería del prójimo es querer todo eso gratis. Y en esta vida nada es gratis.

Como dije anteriormente, todo en esta vida tiene un precio y no siempre ese precio es en dinero. A mis amigos el precio a pagar por lo que querían les pareció demasiado alto. Y aún hasta hoy, después de ver el resultado en mí, después de que yo seguí el mismo plan que les proponía al principio, se niegan a seguirlo. Aún dudan que el plan funcione. Están convencidos que no existe la noche. Todos ellos todavía se cuestionan: ¿Y si no tengo suerte?

Y todos ellos pasan de los cincuenta años. En un par de años más tendrán una nueva excusa para no lanzarse al abismo: "Ya estoy demasiado viejo". Lo siento por ellos, pero desgraciadamente mientras no acepten que deben enfrentar y vencer sus temores, no habrá nada ni nadie que pueda ayudarlos. Ni siquiera aquello que ellos llaman suerte. La frase "ayúdate que yo te ayudaré" refleja la firme convicción de que, si no hacemos nada por ayudarnos a nosotros mismos, difícilmente habrá ayuda divina.

Sabiendo esto es que trato, con este libro, de darte una luz para que puedas apoyarte en tu búsqueda de mejores días. Pero ciertamente esto depende más de ti y la pasión que le pongas que la suerte en la que te apoyes. Esta es una tarea más de fe en ti mismo y de que sí vas a lograrlo que ninguna otra cosa más. Es la convicción plena de que puedes cambiar tu situación y enfrentar a la bestia y a tu abismo para llegar hasta donde quieres.

Y no se trata de convertirse en alguien malvado o despreciable. No se trata de conseguir lo que nos proponemos a cualquier precio, sin tener conciencia de que nuestros actos dañarán a otros, no. Eso sería tan despreciable como volvernos delincuentes. Simplemente se trata de derribar aquellos miedos que nos tienen atrapados y que nos impiden alcanzar nuestras metas. Como lo hice yo hace quince años. La ventaja es que ahora es mucho más fácil llevarlo a cabo que hace quince años. La ventaja que tienes ahora comparado conmigo es que cuentas con la guía de este libro que yo, en aquel entonces, no tenía. La gran ventaja tuya será que tu prueba y error no te llevará mucho tiempo.

Si sabes lo que quieres y estás dispuesto a pagar el precio, adelante. Si te has animado a dar ese "salto de fe" y a "cerrar los ojos y lanzarte al abismo" y no quedarte para siempre atrapado en tus excusas, adelante.

La buena noticia es que, una vez que empieces a seguir el plan, este se vuelve más sencillo. A medida que enfrentes a la bestia, ésta huirá y se esconderá, y no podrá hacerte más daño. Enfrentar y matar a la bestia de cien mil cabezas será tu primer paso a seguir. Pero tranquilo, hay un refrán que reza "el león no es tan fiero como lo pintan". Aquí ese refrán cobra vida pues una vez que enfrentas a la bestia, el miedo desaparece y te das cuenta que tus temores siempre fueron mal fundados. Cuando yo me enfrenté a la bestia, ésta me hizo sentir que me tragaría vivo. Parado en pleno mercado central, con un montón de papel higiénico, pasta dental, franelas de cocina para vender a la gente que pasaba por allí, sentí que me iba a morir de un infarto. Jamás en mi vida había sentido tanto miedo a "morir" como aquel día. Luego supe que todo eso que sentía lo provocaba la bestia para hacerme huir despavorido. Hoy siempre sonrío al recordar ese episodio.

Tu ventaja sobre cualquier otro

Como te dije antes, yo no tuve una guía o un mentor a quien recurrir para que mi viaje sea menos doloroso y menos largo. Al principio ni siquiera tenía idea que lo que estaba haciendo era idear un plan a seguir para lograr mis objetivos. Me tomó cinco años darme cuenta que debía apegarme a un plan y seguirlo religiosamente. En esos cinco años ya había hecho un montón de prueba y error con los negocios que había tenido. Pero como te dije antes, en aquel tiempo mi idea de negocio era muy limitada. Para mí, la idea de tener un negocio se limitaba a una tienda, un bazar, etc. A lo mucho era comprar mercadería en otra ciudad —que la conseguía más barata— para luego revenderla. Y ahí terminaba todo el asunto de negocio para mí. Y según yo, era dueño de un negocio. A eso me refería cuando decía que quería ser dueño de un negocio. Me imaginaba a mí mismo detrás de un mostrador atendiendo a los clientes que llegarían a mi negocio. Y allí sería feliz.

Eso imaginaba yo. Con treinta años a mis espaldas, detrás de un gran empleo, con unos ahorros que no estaban nada mal, mi vida se centraba en que algún día me pondría un negocio como el que soñaba y, como en los cuentos de hadas, viviría feliz para siempre.

A mis treinta años gozaba de una salud envidiable y una vista excelente. Pero estaba ciego. Ciego de entendimiento. Cuando yo era un muchacho mi madre siempre solía decirme "mudo" cada vez que yo no entendía algo que ella me quería decir. Yo solía responder que no era mudo pues estaba hablando con ella. "Mudo de entendimiento" era su respuesta. Cuánta razón tenía ella. Mi madre nunca fue a la escuela y, sin embargo, sabía muchas más cosas que la mayoría de las personas que yo conocía en ese entonces. Y entendía mejor también. A mí me tomó mucho tiempo ver más de lo que los ojos ven a simple vista. Al menos tengo una excusa válida: no podía perder tiempo poniéndome a estudiar si tal o cual estrategia servía o no. No estaba en condiciones de elegir. Era una lucha incesante de un tipo desesperado que se jugaba la vida (y la de su familia) en cada intento y eso como que no te deja pensar con claridad.

Pero ahora es diferente. Tú la tienes un poco mejor. Ya el león no es tan fiero. A medida que fui avanzando en mi estrategia de todos estos años, también aprendí de memoria sus pasos y aquí los detallo. Tu ventaja sobre cualquier otro será que lo adaptes a tu situación. Que lo adaptes y lo lleves a cabo con total convicción. ¿A qué me refiero con que lo adaptes a tu situación? A mí me funcionó en bienes raíces. A mí me funcionó porque ese fue el negocio que me gustaba. Y aún me sigue gustando. Quizás ese fue también un punto a mi favor para que esto funcionara. Y también puede ser un punto a tu favor si es lo que deseas. Pero las bases que creó en mí el seguir estos pasos, me han servido también para iniciar con éxito otros negocios diferente a bienes raíces. Es el punto neurálgico de este libro: hacer que adquieras los conocimientos necesarios para implementarlos en tu idea de negocios. Así de simple. Pero como te dije al principio de este libro, el mayor reto será que enfrentes y venzas tus temores por ti mismo. Eso solo depende única y exclusivamente de ti. De ti y de nadie más.

Nadie decidirá por ti

Cuando era niño siempre soñaba con tener todo lo que quisiera, o, al menos, todo lo que la mayoría de mis vecinos tenían: una linda casa, un buen auto, viajes al extranjero, etc. Pero como todos, me era difícil adquirir un buen hábito que me ayudara a lograr aquello que tanto anhelaba. Me costaba levantarme temprano para ir a la escuela y me encantaba trasnochar. Esa mala costumbre me persiguió hasta ya bien adulto. Era reacio al trabajo, pero era muy diligente en cuanto a farras se trataba. Y, lógicamente, debido a eso siempre andaba corto de dinero. A mis veintidós años sufrí un accidente que me hizo replantear mi modo de vida y la manera en la que ésta proseguiría.

Cansado de perseguir mis sueños dando palos de ciego me puse a pensar cierto día, luego de sufrir un accidente en el que la rótula de mi rodilla izquierda se partió en varios pedazos y no había tenido para pagar los costos de la clínica, peor aún el tratamiento a seguir, que mi vida tal cual la conocía no podía seguir de ninguna manera así. Al menos supe, me convencí, que mi vida, la manera en cómo la estaba conduciendo, tenía que tener un cambio radical. Y ese pensamiento, esa convicción, sin yo saberlo a ciencia cierta en ese momento, cambió mi vida. Pasé de ser una persona que se iba de juerga y se emborrachaba todos los fines de semana a una persona que trabajaba con un propósito. Empecé a trazarme metas a corto, mediano y largo plazo. Y pronto los frutos de aquella nueva faceta empezaron a dar sus frutos.

Pero ese cambio jamás hubiera sido posible en mí si no hubiera nacido desde lo más profundo de mí ser. La decisión de cambio debe ser una elección por convicción no por obligación. Nadie decidirá por ti es, en cierto punto, una frase que reviste una verdad a medias. Si tú no tomas tu decisión tenlo por seguro que alguien más decidirá por ti y no necesariamente lo más conveniente ni lo más agradable para ti. Por eso es que vemos a mucha gente yendo a trabajos que detestan, haciendo labores que, si tuvieran que elegir, jamás harían.

Son obligados a seguir dentro de un sistema que fue diseñado por y para favorecer a los que ya conocen las reglas del juego del dinero: los ricos. Y si no conoces esas reglas déjame decirte que estás en una desventaja abismal. Una prueba fehaciente de lo que digo es cuando sucedió el atraco bancario en los años 1999 y luego en el 2000. Millones de personas (incluyéndome) perdieron sus ahorros y descendieron de clase social. Yo en ese tiempo era de clase media con buenas posibilidades de escalar a clase media alta. Luego de aquello pasé a clase baja, tirando a subterráneo. Muchos se suicidaron. Y, sin embargo, los ricos de ese entonces se volvieron más ricos y los pobres perdieron, en muchos casos, hasta la vida. Y nuevamente repito: hay algunos de ellos que ahora hasta pretenden ser presidentes. Y pasean por las calles tan impunemente.

Pero ¿cuáles son aquellas reglas que debes conocer (y dominar) para no caer víctima del juego del dinero? Es sencillo. Y solo existen dos:

1.- Impuestos

2.- Deuda

Fácil, ¿verdad? A simple vista parece de risa. Déjame decirte que es verdad. Es tan sencillo como parece. El problema es su ejecución. Así como cualquier plan necesita de un proceso para lograr su óptima ejecución, aquí también se necesita de un proceso para lograrlo. Y seguir ese proceso significa desterrar todo lo que hasta ahora conoces o te han contado sobre deuda y dinero. Sobre todo, cambiar tus pensamientos y tus hábitos con respecto al dinero. Como te decía al principio de este libro no todos son capaces de enfrentar y matar al monstruo de cien mil cabezas que tenemos en nuestro interior. El problema no está en no saber las reglas, el problema es aplicarlas correctamente para salir de aquel círculo vicioso que cada cierto tiempo (tiempo que eligen los ricos) devora nuestra economía. El problema es cambiar de mentalidad para pasar de pensar en endeudarnos para pagar impuestos hasta por respirar a pensar en endeudarnos para crear bienes de capital y pagar menos impuestos. Y tampoco estoy diciendo que pagar impuesto sea malo. Los impuestos son necesarios para el desarrollo de cualquier país para sostener políticas sociales, inversión y desarrollo. Pero debes saber que los impuestos son solo una de las reglas del juego del dinero que inventaron los ricos para hacerse más ricos. Junto con la deuda, el impuesto provoca una inflación que puede pulverizar cualquier economía por muy fuerte que ésta sea. Y por si no lo sabes, inflación es igual a crisis. Y crisis es igual a dinero que huye. Y no tienes que ser adivino para saber a los bolsillos de quiénes huye el dinero cuando hay crisis. Por eso es que a los ricos les interesa que cada cierto tiempo haya crisis. En época de crisis los ricos se hacen más ricos y los pobres pierden lo poco que tienen. Y para colmo son ellos mismos, los ricos, los que provocan la crisis. Ellos crean la burbuja financiera para crear una falsa ilusión de abundancia en tu cabeza y luego te cortan el oxígeno. Así funciona el juego del dinero que ellos crearon. Son como buitres en espera de carroña. Y tú eres la carroña.

Voy a tratar de explicar esto lo más sencillo posible mediante un ejemplo para que entiendas mejor las cosas y así puedas tomar la decisión de cambiar la forma en la que actúas con el dinero, o más bien, cambies la forma en la que gastas el dinero que tanto esfuerzo te cuesta ganarlo, y dejes de ser carroña para esos buitres.

Para poder cosechar en tiempo de crisis, los ricos deben crear primero en tu cabeza una falsa ilusión de abundancia. Esta la crean inyectando dinero a sus bancos para ofrecerte préstamos de consumo, para vivienda o cualquier otra cosa. La idea principal es que cojas el dinero y lo gastes en medio de una falsa ilusión de abundancia.

Ya sabes el dicho: a perro flaco todo se le vuelven pulgas. Cuando la economía global se encuentra en crecimiento, que es por lo general cuando los ricos empiezan a sembrar, cuando llega ese momento en que la gente comienza a hacer dinero, pero por su mediocre manera de pensar jamás invierte en bienes de capital que le protejan de una caída inminente a la crisis, entonces el pobre se encuentra en que no sabe por dónde comenzar, ya que no tiene dinero para invertir o no se atreve a lanzarse a ser protagonista del crecimiento, sino más bien a trabajar para los que ganarán grandes fortunas con el cambio de ciclo económico.

Por el contrario, cuando los ricos estrangulan la economía y hacen que ésta entre en recesión, porque para los ricos ya es época de cosecha, el pobre es el más afectado, pues es el más débil. Suele ser el primero en verse desempleado, el primero al que más le afecta una subida de impuestos y el primero que no se puede adaptar a la inflación. Está condenado a sufrir las consecuencias de su ineptitud. Y para colmo condena también a sus hijos. Dicen que las crisis son oportunidades, pero claro, esto se dice porque el que tiene dinero puede comprar mucho más barato para cuando suba. El que no tiene dinero, vive la crisis como una crisis, ya que no puede aprovechar los precios bajos al no tener dinero ahorrado. La crisis es oportunidad... para los ricos. Jamás escucharás decir esa frase a una persona pobre. Para él, que el dinero escasee es una crisis y punto.

IMPUESTO. - "La palabra impuesto tiene su origen en el término latino impositus. El concepto hace referencia al tributo que se establece y se pide según sea la capacidad financiera de aquellos que no están exentos de abonarlo."

El impuesto tiene la particularidad de no basarse en una contraprestación determinada o directa por parte de quien lo reclama. En palabras sencillas pagas porque a alguien se le ocurrió que así debería ser. Esto lo practicaban los reyes contra los campesinos. Los reyes cedían una parte de las tierras a los campesinos para que ellos cultivaran la tierra, a cambio de un tributo o impuesto para el rey. Su objetivo es financiar los gastos del acreedor, que generalmente, al día de hoy es el Estado. La capacidad contributiva supone o presupone que quienes más poseen, mayores impuestos deben abonar. En otras palabras, según este razonamiento, deberían ser los ricos los que paguen más impuestos. En teoría ésta debería ser la lógica. Sin embargo, esto no siempre se cumple, ya que muchas veces se priorizan otras causas: el incremento de la recaudación, la disuasión de compra de un cierto producto, el fomento de determinadas actividades económicas, etc. La esencia misma del impuesto se cambió a beneficio de los que más tienen. El rico nuevamente cambió las reglas de esto para su beneficio. Y no solo cambió las reglas de la recaudación de los impuestos, sino que se aseguró que la mayoría de esos ingresos recaudados llegue a sus bolsillos. ¿Cómo? Los impuestos construyen autopistas, hospitales, aeropuertos, escuelas, etc. ¿Quién crees que recibe el dinero para construirlas? Los ricos a través de sus compañías, compañías que la mayoría de las veces son incentivadas con impuestos exonerados para realizar esos trabajos. No pagan impuestos, o pagan poquísimo y se llevan el dinero a manos llenas. Ese es solo un pequeño ejemplo. En el otro extremo están los que sin necesidad de tomar el dinero de los impuestos son capaces de crear, con el consentimiento del gobierno de turno, dinero de la nada: Los bancos. Y como debes saber, el dinero de la nada que ellos crean no paga impuesto porque no es real, no existe. Solo es una ilusión, una droga que nos ahoga y nos quita el oxígeno.

Y por si esto no fuese suficiente, el dinero falso que crean los bancos, sin impuestos para ellos, a nosotros nos ponen un impuesto por consumir ese dinero irreal, con la falsa ilusión de abundancia. Los bancos crean personas ricas en papel, y esas personas, sin saberlo, crean para los bancos grandes fortunas. Es algo así como cuando un médico te da tan solo un paliativo para una enfermedad incurable que posees a cambio de tu dinero producto del esfuerzo de toda tu vida.

Si no sabes las reglas del juego del dinero, o no posees nociones elementales de economía básica, déjame decirte que eres una persona rica en papel, y que, lastimosamente, estás destinada a crear fortuna para otros. Y lo que es más cruel y paradójico aún: Estás creando fortuna para tu propio opresor o verdugo.

Pero tener nociones elementales de economía básica no necesariamente significa haber estudiado la universidad o ser un iluminado en materia económica. Es pura y simple lógica. Sentido común. Y todos la tenemos, pero no todos la usamos.

En economía, el concepto más básico y elemental es convertir los activos en dinero en efectivo en el menor tiempo posible para poder cubrir cualquier necesidad de liquidez. Incluso sin haber ido a la universidad todos tratamos de vender algún bien que poseemos para cubrir una emergencia, sin saber que eso es aplicar el concepto básico de economía. Eso todo el mundo lo sabe. Y también lo saben los ricos, los banqueros. Pero lo que todo el mundo no sabe es que para poder tener activos que se conviertan en dinero lo más rápido posible hay que elegir bien qué activos crear. Y eso también lo saben los ricos y los banqueros, y saben que el mejor activo que pueden tener es el que les genere mayores ingresos, mejores ganancias. Y nos eligieron a nosotros para crearles sus fortunas. Nosotros somos el mayor activo que tiene un banco. A cambio de una falsa ilusión de abundancia (nos hacen ricos en papel), nos vemos obligados a crear sus fortunas. La falsa creencia de la mayoría de que cualquier cosa que compren es un activo, nos sume en un círculo vicioso que cada vez es más difícil salir, pues cuando el ciclo económico empieza a cambiar, los "activos" que han adquirido difícilmente pueden convertirse en dinero o, por lo menos, recuperar el mismo valor invertido inicialmente en ese bien.

No pasa lo mismo con los ricos o los banqueros, al convertirnos nosotros en sus activos cuando cambia el ciclo económico no solamente que seguimos generando riqueza para ellos al pagar los impuestos de la riqueza en papel que nos dieron, sino que ese impuesto se duplica y tenemos que redoblar esfuerzos para poder cumplir esa obligación. Por eso existen deudas que son imposibles de pagar con nuestro simple esfuerzo laboral. Sus ingresos se duplican y nuestra riqueza en papel se esfuma como lo que siempre fue: una falsa ilusión de abundancia. Por eso, en una crisis los ricos, los banqueros se hacen más ricos y los pobres se hacen cada vez más pobres. Triste pero real.

Puedes revisar en cualquier parte del mundo, cuando hay crisis siempre son los ricos y los banqueros los que tienen ganancias récords en ese periodo. No se trata de manejar bien la crisis, ellos saben que, al tenernos como su mejor activo, en época de crisis, les asegura excelentes ganancias. Su mejor inversión es hacernos ricos en papel. No nos dan nada. Solo una falsa ilusión de abundancia y eso a ellos no les cuesta nada. A nosotros, muchas veces, nos cuesta la vida.

DEUDA. - Todos sabemos lo que significa deuda y los riesgos que implica estar inmersos en ella. Pero no todos sabemos que la deuda puede ser buena o mala, dependiendo de cómo se la utilice o el valor que se le dé. Eso también lo saben los ricos y los banqueros. Y de ello siempre va a depender si la deuda está a tu favor o en tu contra. Si la deuda se convierte en activo, es deuda buena; si se convierte en pasivo, es deuda mala. Tan sencillo como eso.

Siempre me gusta dar ejemplos para poder ilustrar lo que quiero decir, de modo que trataré de dar un ejemplo que se ajuste a lo que realmente quiero decir para que se entienda mejor cuándo una deuda se convierte en activo y cuándo en un pasivo, y la manera de aprovecharnos de toda deuda para sacar el mayor provecho posible.

Aunque muchos están convencidos que el simple hecho de adquirir un bien es adquirir un activo, no necesariamente es así. Muchos de los bienes que adquirimos no respaldan el capital que invertimos en ellos. Es más, muchos de esos bienes se devalúan casi inmediatamente después de haberlos adquirido, como en el caso de un vehículo. Allí, el costo de inversión es demasiado costoso si se toma en cuenta que dicho vehículo se lo usará para uso personal. No solo que esa inversión pierde su valor inicial, sino que nos estaría costando más dinero del que supuestamente invertimos inicialmente pues no solo hay que tomar en cuenta su valor nominal, sino que hay que considerar su costo real. Y para saber su costo real debemos estar conscientes que este bien requerirá más inversión para poder usarlo: mantenimiento, gasolina, repuestos, etc. Dinero que tendremos que invertir sabiendo que será dinero que no recuperaremos pues será un bien de uso personal. Esto es a lo que solemos llamarle deuda mala pues el dinero que seguiremos invirtiendo en ese bien saldrá de nuestro bolsillo sin poder recuperarlo. Y ese dinero que sigue saliendo de nuestro bolsillo para mantener ese bien es un pasivo que cargaremos por mucho tiempo.

No resulta así si al momento de comprar ese mismo bien lo destinamos a uso de la compañía o a transporte de personal. Desde ese mismo momento, esa misma inversión, está respaldada por ese bien que se destinará a generar ingresos y solventar sus propios gastos. Eso hace que esa misma inversión se convierta en activo, en deuda buena, pues será una inversión que generará una tasa de retorno que no solo cubrirá sus propios gastos, sino que generará ingreso residual. Es deuda buena porque no estará quitando dinero de nuestro bolsillo, sino que estará ingresando dinero en nuestros bolsillos. Es tan sencillo como eso. En eso consiste aprovechar la deuda a nuestro favor. Eso es lo que los ricos aprovechan para generar ingresos permanentes. Y la buena noticia es que esto se puede hacer con casi todos los bienes que adquirimos. Y todos lo podemos hacer.

Si es tan fácil, ¿por qué no lo hacen todos?

Por una sencilla razón: disciplina.

Y esto es tan sencillo como comer una manzana al día para ser saludables. Pero como lo dije anteriormente, pocos tienen la costumbre de comer una manzana al día porque ES MAS FACIL NO HACER NADA.

No cualquiera puede adquirir disciplina. No cualquiera está preparado para pagar el precio que pide un cambio de mentalidad. Adquirir disciplina requiere un cambio de mentalidad, los atletas profesionales lo saben. Por eso, no cualquiera logra ser un atleta profesional. No cualquiera es capaz de pagar el precio por lo que quiere. Y nuevamente lo repito: el precio a pagar no siempre es en dinero.

Adquirir disciplina toma tiempo, tacto y paciencia, y no todos están dispuestos a invertir su tiempo en adquirir disciplina. Los que invertimos en negocios sabemos que la disciplina es nuestra mejor arma para lograr nuestros objetivos, que es crear activos.

Crear activos que nos generen ingresos permanentes empieza por crear disciplina en nosotros mismos. Nadie que haya creado algo de valor lo ha hecho por azar. Y si hay alguna excepción, te aseguro que no será permanente. Todo es producto de la férrea disciplina. La buena noticia es que, a medida que más nos esforzamos en adquirir este hábito, se vuelve más sencillo hacerlo parte de nuestra vida. Y crear activos se volverá una aventura emocionante para ti.

Crear activos que generen ingresos pasivos.

Todo el mundo puede crear activos y conseguir ingresos pasivos.

Dicen que un activo es todo aquello que mete dinero en tu bolsillo sin que tú tengas que hacer nada. Eso no es cierto, o, al menos, es una verdad a medias. Tener un activo que gane dinero para ti de forma permanente es un proceso que al principio demanda un trabajo arduo, incansable y es bastante metódico. Nadie que tenga activos que le generen ingresos permanentes los ha conseguido de la noche a la mañana, peor aún sin el más mínimo esfuerzo. Quien te diga o te ofrezca eso, te está mintiendo. Un activo es igual a ingresos permanentes siempre que hayas invertido en él con anterioridad y con mucho esfuerzo. Y no necesariamente dinero. Tu dinero trabajará para ti, hará dinero para ti, siempre que le enseñes cómo debe hacer dinero para ti. Si no lo haces, tu activo se convertirá en pasivo para ti y activo para alguien más. Alguien más que sí invirtió el tiempo y esfuerzo necesarios para hacer que su activo le genere ingresos permanentes de por vida. Solo piensa que, si no fuera así, muchos de los que les tocó la suerte de ganar la lotería no habrían perdido su dinero y quedado igual o peor que antes de haberlo ganado. Y créeme que en esto la suerte no tiene nada que ver. O sabes cómo hacer que tu activo genere más dinero, o despídete de él. Es así de sencillo. Y esto pasa no importa si tu activo es una propiedad, una idea, una marca, o tu propio esfuerzo, que lo vendes como trabajo; si no inviertes lo suficiente en él, se volverá pasivo para ti y activo para alguien más.

Aprende a invertir. Invierte primero en conocimiento.

Antes de crear activos que te generen dinero deberás primero aprender a invertir. Nadie que haya creado activos que le generen ingresos permanentes los ha creado sin antes saber invertir. Invertir sin conocimiento es como dejar nuestro dinero en una esquina y volver a la semana siguiente esperando encontrar más dinero del que dejamos al principio. Todos los que hemos empezado a invertir, más tarde o más temprano sabemos que lo primero que debimos haber hecho es adquirir conocimientos sobre invertir. Sin esto, podremos tener la mejor idea del mundo, podremos tener la mejor propiedad del mundo, o lo mejor de lo que sea, que más temprano que tarde se convertirán en pasivos para nosotros. Del mismo modo en que antes de leer o escribir debes aprender el abecedario, lo mismo sucede con invertir. Si no estás dispuesto a aprenderte el abecedario, serás uno más de los que siempre suelen decir: "Invertir es arriesgado, nunca lo lograrás"

Es por eso que si les preguntas a cien personas qué harían si tuvieran un poco de dinero, siempre van a responder que lo primero que harían es ponerse un negocio. Si insistes en preguntar qué clase de negocio se pondrían, la respuesta siempre será: "de lo que sea". Pocos sabrán con exactitud qué negocio poner. Pero saber qué negocio poner tampoco les garantiza que tendrán éxito. De la misma manera que comprar una casa no te garantiza que se convierta en un activo que genere dinero, ni tampoco tener una idea o una marca te garantiza que tendrás un activo. Todos podemos tener una gran idea, todos podemos idear una marca, pero convertir esos bienes en activos que generen ingresos permanentes no es de la noche a la mañana. Hay que validar esa idea, posicionar esa marca hasta lograr reconocimiento. Solo así se transformarán en activos que generen ingresos. Un bien, una idea, una marca deben tener un valor agregado para transformarse en activos. Eso requiere de inversión de nuestra parte. Inversión de dinero, de tiempo o de esfuerzo. Una vez que hayamos entendido esto, crear activos que generen ingresos permanentes será pan comido.

Matando a tus enemigos

Todos tenemos enemigos. Y cuando digo enemigos no me refiero a aquellos que esperan a que uno tropiece para burlarse de nosotros o aprovecharse de nuestras circunstancias y destruirnos, no. Esos son enemigos fáciles de combatir. Me refiero a enemigos internos que suelen ser mucho más feroces y demasiado escurridizos. Y para colmo están con nosotros hasta en nuestros sueños, se convierten en pesadillas recurrentes que no nos dejan en paz.

Cuando estaba sin empleo, sin ingresos y sin una perspectiva clara de cómo debía lograr solucionar mi situación, descubrí que mis enemigos más temidos estaban dentro de mi cabeza. Al igual que pasa con la mayoría de nosotros, tenía la certeza de que algo estaba mal, sabía que así no podía seguir, pero era incapaz de hallar una solución que arreglara mi situación. Aún sabiendo que tenía que hacer algo para lograr salir de ese agujero en el que me hallaba, no atinaba qué hacer. No tenía una guía, un modelo a seguir. Algo que me mostrara el camino correcto a seguir.

Y eso desgraciadamente nos pasa a todos: Sabemos lo que tenemos que hacer, pero no sabemos la manera de aplicarlo.

Como te decía al principio, yo no tuve un guía, un mentor en quien afianzarme para seguir un plan que me librara de mis enemigos recurrentes. Era una pesadilla aventurarme en mi siguiente negocio sin tener la certeza de que esta vez lo lograría.

Era una lucha incesante contra la incertidumbre que me robaba la calma, las noches de sueño y la tranquilidad de mi hogar.

Te aseguro que esos son los enemigos que más debes temer porque para librarte de ellos debes dar un giro de ciento ochenta grados a tu cerebro y así cambiar tu forma de ver las cosas. Se trata de expandir tu mente y replantearte lo que hasta ese momento para ti era una verdad absoluta.

Y si eres de los que han tenido la "mala fortuna" de haber nacido en medio de la pobreza, la tienes más difícil todavía. La mayoría de las personas que crecimos en las clases bajas y medias pasamos el resto de nuestras vidas combatiendo pensamientos que son propios de la gente pobre. Pensamientos estigmatizados. Y si fuiste educado como yo, por padres que tenían las mejores intenciones, pero pocas ideas para lograr estabilidad económica, entonces déjame decirte que hay una probabilidad bastante grande de que tengas que evitar trampas mentales financieras todo el tiempo por el resto de tu vida, a menos que mates a tus enemigos que se han apoderado de tu mente.

Nadie puede negar que las personas opulentas operan y piensan de manera diferente sobre el dinero, la riqueza, las finanzas y las inversiones. Y eso es precisamente lo que los diferencian de la gente pobre. No son más inteligentes que tu o yo. Son más disciplinados y hace mucho que han logrado desterrar de su cabeza las ideas tercermundistas que a los pobres les sobra en la cabeza. Ideas como "sólo quiero tener suficiente dinero para vivir bien" es la más recurrente en gente que está resignada a su suerte.

En la clase media existe la idea arraigada de que se puede alcanzar una especie de lugar confort básico, sin ir más allá para explorar cualquier otra posibilidad que nos pueda servir de apoyo o ayuda para conseguir mejores objetivos. Eso limita cualquier posibilidad de conseguir mayor libertad financiera.

Otra idea muy común en personas de clase media es "necesito hacer dinero" pero olvidan que hacer dinero, literalmente, es ilegal. Esta idea de que "hay que hacer dinero" para tenerlo te limita a creer que tienes que cambiar tu tiempo por efectivo. Es por eso que vemos a millones de personas que intercambian su bien más preciado, "su tiempo", por dinero, esclavizándose en un empleo que les consume la vida y les parece casi imposible, por no decir inconcebible, que se pueda obtener dinero intercambiando algo de valor subjetivo, como una idea, una marca, una patente. Algo que satisfaga una necesidad de los demás. Es tan simple como eso. Pero para creer en eso hay que matar a los enemigos que tenemos en la cabeza.

Si piensas que "más dinero, significa más problemas" estás en un error. Este es un pensamiento que las personas sin dinero se han autoimpuesto para justificar su falta de riqueza y lo utilizan para justificar su pobreza mental. Si tener más dinero trae más problemas, ¿quién no querría tener ese tipo de problemas? Yo fui pobre casi toda mi vida, y cuando creí que era rico solo estaba viviendo un espejismo. Y te aseguro que los problemas que causa la falta de liquidez no son nada agradables. Alguien decía que no es lo mismo llorar dentro de una mansión que dentro de una choza. Estoy totalmente de acuerdo. Quien piense lo contrario te aseguro que lo dirá solo por no admitir su falta de compromiso consigo mismo. Nadie tiene control sobre su nacimiento, si naciste pobre no es tu culpa, si mueres pobre esa sí es tu culpa. Solo hay que asumir nuestra responsabilidad.

La verdad es que entre más dinero tengas, más control tienes sobre las elecciones que haces en cada aspecto de tu vida. Por ejemplo, si compras un boleto de avión de primera clase sabes que no tendrás que viajar incómodo al lado de una persona escandalosa. Tener tu propio jet significa poseer total libertad para viajar, pero también pagar el salario de dos pilotos, un mecánico y el mantenimiento del avión. Tener más dinero no significa tener más problemas, sólo NUEVOS problemas, con la ventaja de que siempre podrás solucionarlos. Si no, piensa en las veces en la que tus hijos necesitaron medicina y no tenías un pinche centavo.

La frase "se necesita dinero para hacer dinero" es una verdad a medias. La realidad es que más de tres cuartos de todos los millonarios del mundo formaron su propia riqueza. Eso significa que personas ordinarias se volvieron ricas porque tuvieron el valor de seguir sus sueños. Además, si te pones a revisar, podrás darte cuenta que a muchos de ellos no les fue tan sencillo. Como todo en esta vida, obtener lo que queremos tiene su precio. La vida no te da nada gratis. Otra cosa es que nosotros, sabiendo lo que queremos, no estemos dispuestos a pagar el precio que la vida nos cobra por lograr nuestros sueños, es otra cosa, pues es allí donde la gran mayoría de nosotros retrocedemos. Nos parece un precio demasiado alto a pagar. Lo cierto es que al principio lo que se requiere es persistencia. Todos quienes hoy son millonarios están de acuerdo en que, si no tienes dinero para invertir, deberás invertir tu tiempo y esfuerzo al cien por ciento para lograr tus objetivos. La idea de que absolutamente se necesita tener dinero para empezar a generar dinero hace que te encasilles y te vuelvas complaciente. Esa idea hace que renuncies y te veas obligado a intercambiar tu tiempo por dinero.

La mayoría de la gente intercambia tiempo por dinero todos los días. ¿Tu tiempo vale 10 dólares o 50 dólares la hora? La realidad es que no importa cuánto ganes, sigues vendiendo tu tiempo y ese es un recurso limitado. ¿Por qué no utilizarlo para tu propio beneficio?

Los ricos intercambian dinero por tiempo porque saben que es más valioso que el dinero. Las personas promedio creen que la única manera de tener más dinero es trabajando más horas. Y en eso radica la diferencia entre ricos y pobres. Los ricos valoran lo que los pobres no valoran o no están conscientes de su valor real. Y la única manera de que estén conscientes del valor real de su tiempo es invirtiendo para sí mismos.

Otro de los estereotipos más comunes de la gente pobre es creer que "el dinero es la raíz de todos los males" sin ponerse a pensar que en realidad la falta de dinero es la raíz de todos los males. Aunque el texto original de este dicho lo cita la biblia, y dice: "El amor al dinero es la raíz de todos los males", la frase se ha desvirtuado para mostrar al dinero como algo malo. Y puedo dar muchos ejemplos en los que el dinero no tiene nada que ver con la maldad de la gente. Hay quienes sin necesidad de tener dinero actúan de forma muy malvada. Si una persona mala obtiene dinero, éste solo acrecentará su maldad. El dinero no hará que en su corazón nazca la maldad. El ser humano que es malo lo será sin tener dinero o no. Eso solo dependerá de lo que tenga dentro de su corazón. Si una persona buena obtiene dinero, de seguro lo usará para ayudar a mucha más gente. Nuevamente: dependerá de lo que tenga dentro de su corazón.

Lo que sí les aseguro es que a todos nos gusta tener la libertad de gastar dinero en nuestra familia sin tener que preocuparse constantemente. No hay manera en que el dinero te pueda hacer feliz o infeliz, es sólo dinero. Pero sí te da más tranquilidad.

Si eres una persona miserable, entonces serás una persona miserable con o sin dinero. Es así de sencillo.

Esta falsa creencia sobre el dinero es lo que a muchos los lleva a pensar que "Las personas ricas son egoístas".

Hace unos años atrás tuve la penosa tarea de despedir a cinco trabajadores de una de mis compañías. No fue una decisión sencilla. Todos eran excelentes trabajadores y cumplían a cabalidad sus tareas, pero los tiempos eran difíciles y no podíamos seguir con la misma capacidad de producción y nos vimos en la penosa tarea de prescindir de ellos.

Aunque los demás trabajadores, algunos de ellos, pensaron que eran una medida demasiada drástica no dijeron nada, sí mostraron su inconformidad reduciendo su capacidad productiva. Incluso notamos ciertos cambios en su puntualidad, cosa que nunca había sucedido sin una adecuada justificación.

Al averiguar a qué se debía dicha reacción nos enteramos que muchos de ellos consideraban injusta e innecesaria dicha medida por parte de la empresa hacia los cinco trabajadores, y querían que reconsideráramos dicha resolución.

Ser dueño de una empresa te pone en una posición de poder sobre tus empleados. Cada vez que digo esta frase siempre hay alguien a quien no le agrada esta afirmación. Y lo entiendo. Pero como dije en un capítulo anterior, depende de lo que guardas en tu corazón para que lo que tengas lo uses para bien o para mal. Mi posición me daba para imponer mi voluntad sin darles explicaciones a ninguno de mis empleados y el que no le guste mi decisión pues es libre de irse a donde más crea conveniente.

Voy a ser honesto. La mayoría de dueños de negocios no dan explicaciones a sus empleados sobre sus decisiones laborales, más aún si se trata de despidos. Imponen su punto de vista y listo. Pues creo que una de mis ventajas, y también las de mis trabajadores, es que yo también fui empleado durante muchos años. He estado en esa posición demasiado tiempo como para no saber que hay momentos en los que uno como empleado necesita cierta información para comprender determinadas decisiones. Más, si éstas nos atañen directamente.

Y, conociendo este otro lado de la moneda, he tratado de ser lo más comunicativo posible con todos mis empleados, tratando de tener siempre una retroalimentación mutua, de modo que reuní a todos y en una pequeña charla pasé a explicarles con lujo de detalles el motivo de nuestra decisión. No sin antes exponer de manera clara y precisa los costos que implicaban para la empresa seguir con más trabajadores de los que podía sostener. Y aquellos costos no solo implicaban el salario de aquellos trabajadores despedidos, sino que también había que incluir los costos de materia prima para producir más con aquellos trabajadores, y las ventas no estaban marchando precisamente bien en aquella temporada.

Había otra solución para no tomar esa decisión y era reducir el salario a los demás para compensar el costo de mantener los empleados. Ellos hacían ese sacrificio y nosotros costeábamos el costo de materia prima. Era un trabajo innecesario. Habríamos caído en sobreproducción.

Desde aquella vez, tanto ellos como nosotros, comprendimos que a veces hay que tomar decisiones duras, difíciles, pero necesarias. Y no precisamente porque nos mueva el egoísmo, sino que es una cuestión de sobrevivencia.

He sido egoísta en mi vida para no tener que depender económicamente de alguien. Al comienzo de mi travesía como dueño de negocio me he visto en la necesidad de reducir mi margen de utilidad para ganarle a la competencia. He sido egoísta en eso, lo confieso. No me ha importado sacrificar horas de sueño y descanso para cumplir a tiempo una entrega. Pero se necesita un poco de egoísmo y autoestima para que cuidar de ti mismo y de los tuyos sea una prioridad para que no te conviertas en el problema de otra persona. Y siempre he preferido estar en el lugar del que da, no del que pide.

Pienso que se ayuda más y de mejor manera si se está del lado correcto. Y tener algo que compartir, ya sea oportunidades, dinero o experiencia, para mí es estar del lado correcto.

Todos tuvimos amigos que se alegraron al vernos caer

Les conté que nací en una familia muy pobre. Extremadamente pobre. Y como suele pasar con alguien así, empecé mi vida sin un centavo debido precisamente a que crecí rodeado de un montón de prejuicios acerca del dinero. Prejuicios que me acompañaron hasta ya avanzada mi adolescencia. Y, como ya deben suponer, adquirir disciplina para poner en orden mi vida financiera, bajo esas circunstancias, me costó sangre, sudor y lágrimas. El hecho de que haya perdido los ahorros de toda mi vida, mi empleo y mis ingresos no ayudaron mucho a que mi transición fuese menos dolorosa.

Pero fui bendecido con suficiente tenacidad, concentración, y capacidad de compromiso para tener una muy buena vida en la actualidad. Mi familia tiene gran mérito en este triunfo personal. A ellos les debo todo lo que he logrado. Su apoyo incondicional fue crucial. Y, sobre todo, determinante. Sin ellos, como motivación, el esfuerzo no habría tenido sentido para mí.

Pero también los hay aquellos que, escondidos tras una falsa amistad, están acechando y esperando un pequeño tropiezo para aprovecharse de nuestra caída.

Una de las ventajas que tienen los fracasos es que nos ayuda a librarnos de falsos amigos, aquellos que solo están contigo por conveniencia; y a al menor traspié huyen despavoridos, dejando al descubierto sus verdaderas intenciones.

Están siempre presentes, pero son los últimos en unirse a nuestro plan y los primeros en irse. Son los que más señalan los errores, pero jamás se convierten en parte de la solución.

Y son los primeros en alegrarse cuando todo parece derrumbarse. Encuentran un malsano placer en la desgracia ajena. Quizá eso alivia en parte su frustración de sentirse superados por quien se atreve a seguir sus sueños. Debe ser la mezquina satisfacción de "si yo no puedo, tú tampoco" que los hace alegrarse de la desgracia ajena. Y eso, lastimosamente, les refuerza ese sentimiento egoísta.

Antes de iniciar con mi primer negocio de bienes raíces, tuve muchos amigos que me aconsejaron que no lo hiciera. Incluso, como les conté en un capítulo anterior, varios de ellos aún creen que lo que yo tuve fue suerte. Todos ellos estaban en la misma situación que yo hace quince años. Y siguen estando igual, aunque las condiciones hayan cambiado para bien y exista más probabilidades de lograr lo que nos proponemos debido a la tecnología, se niegan a intentarlo. Prefieren creer que todo se debe a la suerte y dejan que ésta la resuelva el azar. Se niegan a aceptar que nuestra "suerte" no es otra cosa que el resultado del esfuerzo programado y constante hacia un fin determinado. Cuando me escuchan decir que nunca ha sido tan fácil como lo es hoy, sus rostros suelen mostrar ese gesto característico de incredulidad y desaliento.

Actualmente hay muchas herramientas para lograr nuestras metas, sin importar cuáles sean. ¿Por qué tenemos que complicarnos la vida soportando una situación que nos hace miserables? No logro entender cómo alguien es capaz de negar lo evidente.

Y por si esto fuera poco, en la actualidad se puede conseguir quien nos ayude con tan solo hacer un clic en una computadora. Se puede conseguir un guía, un mentor en un abrir y cerrar de ojos. Incluso se puede conseguir inversionistas para nuestro plan de trabajo sin mucho esfuerzo. Solo debemos crear un plan de negocios alrededor de nuestra idea para garantizar que funcione. Y aunque un plan de negocios no es garantía de éxito al cien por ciento, sí minimiza los riesgos y maximiza las probabilidades de éxito. Y puestos a correr riesgos, que sean riesgos calculados.

Por supuesto, nadie dijo que sería fácil. Pero precisamente en eso consiste el plan de negocios: tener una ruta a seguir. No es lo mismo perseguir un sueño sin tener la menor idea de lo que se hace que seguir un plan trazado con anterioridad. Ya lo dice un conocido refrán: no hay nada más peligroso que un tonto con iniciativa.

Por eso siempre digo que si le preguntas a alguien qué es lo que haría si tuviera un poco de dinero, lo primero que responde es que se pondría un negocio. Si insistes en profundizar en esa respuesta no encontrarás más respuesta. Al menos, una respuesta lógica. A la pregunta de qué negocio se pondría, la respuesta siempre será la misma: de lo que sea.

Y de estos tontos con iniciativa hay muchísimos. Están deseosos de iniciar cualquier negocio, pero no tienen idea de qué va la cosa. Yo era uno de esos. Intenté un montón de negocios con el mayor de los entusiasmos, sin tener idea de lo que debía hacer para asegurar su buen funcionamiento y correcta ejecución. En aquella época ni siquiera sabía que existía la frase "plan de negocios", peor aún saber su significado y ejecución.

Ahora no me extraña que haya fracasado muchas veces. Ahora lo entiendo, y si no lo hubiera estudiado y aprendido aún estuviera dando palos de ciego, como un tonto con iniciativa. Aún estuviera pensando que el éxito de cualquier iniciativa se debe más al azar que a la planificación, y de seguro sería como aquellos que envidian el éxito de los demás y se alegran de las caídas de quienes sí tienen las agallas de seguir sus sueños.

Una carrera a campo traviesa

Un consejo bastante frecuente de nuestros padres es: estudia, consigue un empleo bien pagado y ahorra todo lo que puedas para tu vejez. Al menos ese es el consejo de los padres que son pobres en todo lo que respecta al dinero y su uso. Son pobres de dinero y de ideas para invertir. En mi libro ***"Multiplica tu dinero por diez en tan solo cinco años"*** explico por qué ahorrar es mala idea, aunque todos te digan lo contrario. Si te fijas bien, quienes aconsejan que ahorrar es inteligente tienen estas dos características en común: no ahorran, y son pobres o de clase media para abajo. Y ya te dije cómo vive el de clase media: trata de parecer rico, pero no lo es. Y desgraciadamente muchos de éstos que no tienen idea de cómo manejar sus finanzas nos quieren aconsejar sobre cómo debemos invertir nuestro poco dinero. El problema es que ellos no buscan crearte riqueza, ellos buscan tus ahorros para poder solventar su falso estilo de vida, su ilusión de riqueza. Y en ese trayecto, lo que menos les preocupa es tu dinero. A ellos les da lo mismo si ganas o pierdes. ¿Por qué crees que cuando inviertes con un asesor financiero lo primero que hace al recibir tu dinero es cobrar su comisión por adelantado? No es casualidad. Sabe que puedes perder tu inversión por eso lo primero que hace es asegurarse que él no perderá contigo. Un verdadero asesor financiero hará que tu dinero gane utilidad y cobrará en base al rendimiento que obtenga de tu dinero. No al revés. Lo contrario sería como contratar un albañil y rezar para que éste cumpla con su trabajo.

La mayoría de asesores financieros no tienen idea de lo que es invertir. Creen que invertir es simplemente comprar un bien y esperar a que suba de precio. Eso es especulación. O también creen que invertir es comprar un bien y venderlo a un precio mayor. Si es en bienes raíces, eso no es ser inversionista en bienes raíces, simplemente eres un comerciante de bienes raíces. Eso cualquiera lo puede hacer y no se necesita de ningún asesor financiero. Peor aún, no necesitamos que un asesor financiero pierda nuestro dinero y encima cobre por ello sin darnos mayor garantía de éxito de la que podamos darnos nosotros mismos.

Pero eso es lo que dicen la mayoría de quienes creen saber sobre asesoría financiera. Y hay muchísima gente que les cree, aún cuando han perdido todos sus ahorros por confiar en gente que no sabía más de lo que ellos mismos sabían sobre finanzas. Por eso es cierto que se dice que la ignorancia es atrevida. Y debido a este desconocimiento es que la gran mayoría de la gente está convencida que invertir es arriesgado.

Anteriormente lo dije y aquí lo vuelvo a repetir y lo repetiré hasta el cansancio: ahorrar es mala idea a menos que tú seas el banquero.

Es que no basta con ahorrar. La vieja idea de guardar cada centavo no es suficiente en el mundo actual. Más aún si lo que queremos es generar riqueza. Ahorrando jamás lo lograremos porque ahorrar no genera riqueza, es una cuestión de sentido común. Lógica básica. La razón es porque simple y sencillamente no se puede juntar un millón de dólares de esta manera sin antes volverte viejo o morir en el intento, cuando el dinero ya no tendrá tanto valor para ti y para el mercado pues mil dólares hoy no compran lo mismo que mil dólares de hace un año. En el tiempo que te tome juntar un millón de dólares a través del ahorro ese millón será insignificante, no tendrá el mismo valor comercial ni su mismo poder adquisitivo.

Además, ahorrar no tiene la misma capacidad multiplicadora que invertir. Ahorrar no genera riqueza, invertir sí. Si ahorras, pierdes de dos maneras:

—creas riqueza para otro pues otro utilizará tus ahorros para su propio beneficio y,

—la inflación te agarrará tarde o temprano.

Si inviertes, ganas de dos maneras:

—creas riqueza para ti exponencialmente utilizando apalancamiento y,

—la inversión generará ingresos permanentes.

Es tan sencillo como eso.

Sin contar con que ahorrar te exige vivir por debajo de tus expectativas, y eso no creo que le agrade a nadie. Vivir por debajo de nuestras aspiraciones es lo que nos ha llevado a tener una vida llena de frustraciones. Y estoy convencido que esta es la causa por la que mucha gente se aprovecha de esta situación para vendernos ilusiones y falsas promesas de riqueza.

Pero ya que estamos hablando de invertir, lo más lógico sería plantearnos en qué podemos invertir o en qué estaremos listos para invertir. Puesto que en un capítulo anterior vimos que no es lo mismo ahorrar que invertir, creo que lo mejor es que también tengamos una idea clara sobre en qué deberías invertir, más aún si es nuestra primera experiencia en este campo.

No te puedo decir en qué específicamente puedes invertir tu dinero porque, como te dije en un capítulo anterior, lo que me funcionó a mí no necesariamente te funcionará a ti. Lo que sí puedo decirte es que el plan de negocio que te hayas creado en base a tu pasión por determinada tarea, deberá estar ligada con lo que has leído en este libro. Ningún plan es infalible. Tampoco ningún plan te creará riqueza de la noche a la mañana. Pero te aseguro que es más conveniente y mejor si se cuenta con un plan de negocios a seguir.

A mi me funcionó en bienes raíces. Es lo que me apasiona y siempre quise. Y eso hizo que, para mí, seguir el plan de negocio no fuera tan descabellado. Además, considero que invertir en bienes raíces es la mejor manera de empezar a adquirir experiencias si es la primera vez que deseas invertir. Pero siempre es bienvenida cualquier experiencia que nos ayude a crecer como inversionistas.

¿Por qué invertir en bienes raíces?

1.- Porque invertir en bienes raíces es más rentable y segura.

A diferencia de otras inversiones como en salud y tecnología, en las que tu inversión no está mayormente garantizada, los bienes raíces tiene la ventaja de crear activos tangibles, inmediatamente al momento de invertir, activos que respaldan tu inversión ante un posible fracaso, y esto hace que las ventajas jueguen a tu favor. Imagínate, si al comienzo todos tenemos ese miedo de invertir en cualquier cosa, peor vamos a invertir en algo que prácticamente tiene más probabilidades de perder que de ganar.

2.- Puedes hacerlo ya y con poco dinero.

Esa es otra de la gran ventaja de los bienes raíces: puedes empezar el negocio inmediatamente sin tener mucho dinero. Cuando yo empecé mi negocio, siete años atrás, de bienes raíces lo hice con 250 dólares. Dos años más tarde creamos una compañía para llevar nuestro negocio al siguiente nivel: Invertir en bienes raíces de manera formal.

3.- No pierden valor, se revalorizan.

A diferencia de las inversiones en tecnología y salud, las inversiones en bienes raíces no pierden su valor real, por el contrario, éstas se revalorizan. Si inviertes en un edifico, su valor, luego de unos años, de seguro que aumentará. No pasa lo mismo con tecnología o salud, donde su valor muchas veces es fugaz. Podemos tomar como ejemplo los teléfonos inteligentes; cada año se presentan diseños diferentes, con tecnología diferente. Es cierto que las inversiones en tecnología y salud son muchísimo más lucrativas, pero a diferencia de invertir en bienes raíces, debes tener muchísimo más dinero, mucha más capacidad de inversión, así mismo su riesgo se dispara hacia las nubes. Y es una inversión, como dije antes, donde las probabilidades de acertar no están a tu favor.

4.- El retorno es más sencillo, seguro y altamente satisfactorio.

Muy pocas inversiones como los bienes raíces te dan la posibilidad de respaldar tu inversión con un bien tangible, recuperar tu inversión (y en la mayoría de los casos obtener una utilidad de esa inversión) en un tiempo récord, y mantener esa inversión como propia a largo plazo.

En una inversión de tecnología o salud inviertes sobre un hecho supuesto. Las posibilidades de acertar con esa tecnología son mucho menores a las posibilidades de no acertar. No tienes un respaldo real que asegure tu inversión. Si dio resultado, excelente, te volviste millonario en unos pocos años. Si fallaron, tu capital se habrá esfumado en menos de lo que canta un gallo. Y tus ganas de invertir habrán sufrido un duro revés.

En bienes raíces sucede lo contrario. Las probabilidades juegan a tu favor si lo haces de manera correcta. Te pongo un ejemplo sencillo para que entiendas a qué me refiero, que es más o menos lo que solemos hacer nosotros con la compañía.

Invertimos en la construcción de una vivienda (somos una compañía constructora) de un valor de 50 mil dólares. Inmediatamente nuestra inversión está respaldada por ese bien. Primer punto a mi favor. Hasta allí todo está bien. Si mi inversión no gana, al menos tampoco perderé, recuperaré mi inversión inicial, pero tengo la mayor posibilidad de obtener una ganancia de un 30 – 35% si vendo ese bien (vendiéndolo a 65 – 70 mil dólares que es lo común por aquí) Este es el segundo punto a mi favor. Hasta allí todo muy bien. Además, si no vendo el bien, puedo igualmente recuperar mi inversión haciendo una hipoteca abierta con un banco y así no solo recupero la inversión, sino que también estaría obteniendo utilidad (aunque no mucha) sobre mi inversión, ya que el banco presta sobre el 70% del valor del bien, que en este caso sería los 70 mil dólares que cuesta la casa construida. Eso no puedes hacer en una inversión de tecnología o salud. En bienes raíces si no sale el negocio, lo hipotecas y recuperas tu inversión, en tecnología o salud, si no resulta bien no puedes hipotecar una inversión fallida, que no tiene respaldo tangible.

Por eso invertir en bienes raíces, empezar a invertir en bienes raíces es más conveniente que empezar a invertir en otra clase de activos.

En fin, aunque existen muchísimas más razones por las que es más conveniente y seguro invertir en bienes raíces, aquí he tratado de detallar las más importantes y las que comúnmente utilizamos en nuestra compañía y las que al comienzo a mí me sirvieron de mucha ayuda.

Espero haber despejado muchas dudas sobre por qué invertir en bienes raíces.

Este cerebro idiota

Recuerdo que cuando era niño mi madre siempre me repetía una y otra vez esta frase: "no gastes más del dinero que ganas o te arrepentirás después..." Y yo me quedaba inmóvil, contemplando el billete que sostenía en mi mano y que había ganado vendiendo periódico aquel día.

Solía tenerlo durante algunos días en mi bolsillo tratando de entender qué era lo que quería decir mi madre con aquello de no gastar más de lo que ganaba, pero nunca lo entendí hasta que fui bastante mayor y nos agarró la crisis en la que los bancos nos robaron todos nuestros ahorros.

Hasta ese entonces yo también estaba convencido, como la gran mayoría, que ahorrar era inteligente. Pero, también como la gran mayoría, no tenía ni idea qué hacer con mis ahorros. Sabía que quería ponerme un negocio, pero hasta ahí llegaba la cosa. Y mi idea de negocio en ese entonces era bastante limitada, por no decir precaria. Esto, sumado al hecho que, desde niño, por haber nacido en la absoluta pobreza, crecí bombardeado con ideas de que ahorrar es buena idea, no ayudaron precisamente a formarme una mentalidad de dueño de negocio. Y como es lógico, caí víctima de la crisis.

Tras esta dura caída, comprendí que no necesariamente se debe tener conocimientos avanzados o una inteligencia brillante para aprender a generar ingresos que vengan producto de las inversiones. Tampoco se trata de privarte de las cosas básicas de la vida ahorrando hasta la locura como un desquiciado sino de ahorrar lo justo para invertir en activos que nos generen ingresos permanentes y evitar gastos que en la mayoría de los casos son irrelevantes e innecesarios y que muchas veces son los principales causantes de nuestra precaria situación financiera.

Cuando congelaron nuestros ahorros, mis ahorros producto del esfuerzo de toda una vida de trabajo, entendí que, lastimosamente, mi madre estaba equivocada al aconsejarme que no gastara más de lo que ganaba y que, en el mejor de los casos, ahorrara el excedente de mis ingresos. A millones de personas y a mí no nos sirvió de nada ahorrar. La crisis provocada por los ricos nos dejó en la bancarrota.

Por eso, lo mejor que puedes hacer, que es lo que hacen los ricos y es lo que hice yo, es ahorrar lo justo para invertir. Ahorra y vive por debajo de tus expectativas solo lo justo y necesario para invertir hasta que ya no tengas que hacerlo. Muchos creerán que hacer esto es demasiado sacrificado. Demasiado sacrificio es pasar mi vida esperando que la fortuna o el azar me cambie la vida. Más aún si no tenemos dinero para invertir de inmediato. Yo lo llamo concentrar mi tiempo y esfuerzo en conseguir mis metas.

A diferencia de quienes se han atrevido a dar ese paso que los separa de ser empleado a dueño de negocio, a muchos de nosotros nos aterra la incertidumbre, la idea de no tener a qué aferrarnos. La sola idea de que nuestro cerebro idiota empiece a aceptar como realidad lo que, para nosotros, a simple vista nos parece absurdo e ilógico nos llena de temor y rechazo. Es casi natural, instintivo rechazar lo que desconocemos pues eso siempre nos provoca desconcierto, incertidumbre.

Es por eso que la gran mayoría de las personas prefieren mantenerse en su zona de confort, aceptando lo que parece normal y les provoca menos stress. Nuestro cerebro no está acostumbrado a cuestionar, simplemente toma la decisión que le provoque menos conflicto, aunque esa decisión no sea del todo acertada.

Nos convence que es mejor así.

Y si de niños hemos estado sometidos a ideas que refuercen esa actitud, a nuestro cerebro le será fácil inventar una excusa para reafirmar esa creencia. Por eso hay quienes están absolutamente convencidos de estar demasiado viejos para emprender algún negocio, estudiar una nueva carrera o incluso creer que no nacieron para desempeñar alguna labor determinada.

Nadie es más inteligente que nadie. Todos nacemos con la misma capacidad de razonar y, por ende, de dar soluciones a determinados problemas. Pero nuestro cerebro, que lo moldeamos desde que somos pequeños, siempre va a tomar atajos para simplificar las cosas y, supuestamente, hacernos la vida más fácil. Pero esos atajos siempre van a depender de cómo lo hayamos educado a nuestro cerebro. Éste será crítico o idiota dependiendo de lo que lo hayamos alimentado desde nuestra infancia. La buena noticia es que, aun cuando desde niño lo hayamos alimentado con ideas equivocadas, siempre podremos cambiar lo que tengamos allí. Aunque hacer esto último una vez que seamos adultos será más difícil tampoco será imposible.

Hay quienes dicen que perro viejo ya no aprende trucos nuevos y quizá tengan razón. Pero lo que sí puedo decir es que las personas estamos diseñadas para sobrevivir incluso bajo las peores condiciones. Y dicen también que la necesidad es inventora. ¿Te has fijado que muchos de los que han tenido éxito siempre han tenido que superar muchos obstáculos?

Nuestro cerebro es conformista y, si lo dejas, adoptará la filosofía del menor esfuerzo utilizando atajos a cosas tan sencillas y básicas como dar por hecho a simples supuestos. Creer que invertir es arriesgado es una muestra de un supuesto dado por hecho. Sabemos que para desmentir o aclarar tal supuesto debemos esforzarnos en comprobar la veracidad de esa afirmación, pero nos da flojera. Y nuestro cerebro entra en acción para reafirmar ese supuesto y convencernos de que es un hecho. Nos enseña a ser ociosos mentales y aceptamos cualquier cosa como verdades innegables e incuestionables.

La mejor persona que te puede convencer

Todo cambio personal que uno realice debe ser por convicción más no por obligación. Solo de esta manera podremos aceptar y adoptar un cambio de mentalidad que nos permita asimilar nuevos conocimientos y enfrentar los retos que sobrevienen a un cambio de actitud mental. Sin ello no lograremos sobrevivir a una nueva etapa de aprendizaje. Es por eso que a la gran mayoría de las personas les resulta prácticamente imposible salir de su zona de confort y enfrentarse a ese cambio de mentalidad.

Solo la plena convicción de querer mejorar en cualquier sentido, puede darnos ese empuje y el valor suficiente para poder enfrentar cualquier adversidad. Y en lo que se refiere a emprender un negocio, el temor a lo incierto es todavía más abrumador. Tener frente a nosotros a ese horrible monstruo de cien mil cabezas que amenaza con devorarnos no es nada agradable. Decidir enfrentar los temores que nos han tenido prisioneros desde siempre es uno de los mayores retos a los que podemos enfrentarnos quienes hemos decidido emprender un negocio.

Es cierto que la sensación de no contar con un cheque seguro a final de mes al comienzo es desesperante, pero te aseguro que el riesgo valdrá la pena. Valdrá la pena cada segundo de sufrimiento, cada noche de desvelo.

Pero esa decisión de cambio solo podrá venir de tu interior. La mejor persona que te puede convencer asumir el cambio de tu mentalidad no es tu mamá, no es tu esposa, no son tus amigos. Eres tú. No hay nadie más indicado que te pueda convencer de asumir ese reto que tú.

Dicen que la palabra tiene poder y eso es muy cierto. En base a palabras equivocadas repetidas una y otra vez desde que somos niños nos hemos vuelto seguros de nuestras limitaciones. Desde muy chicos escuchamos decir a todos quienes nos rodean que no podremos hacer tal o cual cosa. Que es imposible que podamos alcanzar nuestros sueños. Y si nos atrevemos a desafiar esa afirmación seremos los locos del vecindario. Desde niño tenemos prohibido tener sueños de gigantes. Solo es cuestión de revisar la mayoría de las biografías de aquellos que hicieron de sus sueños su modo de vida para darnos cuenta que a ellos también los consideraron locos por perseguir sus sueños.

En mi libro ***"Cuando la Pasión es más fuerte que el Interés"*** explico cómo nuestra pasión por hacer lo que amamos puede transformarnos la vida y llevarnos a una completa satisfacción personal y guiarnos al éxito.

Así como nos han programado desde chicos a limitar nuestra capacidad de soñar, sí podemos nosotros mismos empezar a desprogramarnos tomando la decisión de creer en nosotros mismo y querer y aceptar ese cambio.

De la misma manera en que empezamos a aceptar de manera natural el hecho de que las cosas siempre tienden a ser peores, podemos empezar a aceptar que las cosas podrían ser mejores; si, puestos a creer en algo, ¿por qué no creer que las cosas nos irán mejor de ahora en adelante? Si debemos creer en algo, ¿por qué no aferrarnos a la esperanza que todo irá mejor?

¿Acaso no es mejor centrarse en que el vaso está medio lleno antes que obsesionarse en el vaso que está medio vacío? Al fin y al cabo, si en ambos casos tengo razón, ¿no sería mejor tener razón en la parte menos trágica?

Nuevamente: la mejor persona que te puede convencer eres tú. No existe nadie más allá afuera que logre ese milagro que tú mismo. Y aunque al principio parezca algo tan imposible como un milagro, no es tan difícil. Eres tú mismo quien lo hace posible o imposible, al igual que con el vaso medio lleno o medio vacío. Siempre dependerá de nosotros y de la perspectiva con qué miremos las cosas.

Sé aprendiz toda la vida

Todos estamos de acuerdo en que no hay nada más peligroso que un idiota con iniciativa: siempre querrá hacer algo, pero no tendrá idea qué.

Desgraciadamente, esos son los más peligrosos. Y para colmo, son los que más abundan.

Incluso hay quienes hasta intentan ser asesores financieros.

Triste, pero real.

Lo más triste aún es que si no estamos preparados para reconocer a estos "iluminados" seremos presa fácil de sus engaños y seguiremos pagando caro la falta de conocimientos que nos da la inteligencia financiera. Porque eso es lo único que necesitamos para estar preparados para evitar caer cualquier posible engaño: conocimientos.

Conocimientos que nos da suficiente inteligencia financiera para tener libertad económica.

Dicen que conocimiento es poder y hay tanta verdad en eso. Si te fijas bien te darás cuenta que quienes han logrado el éxito siempre suelen ser personas que les gusta estar en constante aprendizaje. Es la única forma de evolucionar, de mejorar. Y suelen ser personas que están rodeadas de personas mucho más inteligentes que ellos.

Una vez leí una anécdota sobre Henry Ford. En un juicio, para ridiculizarlo y evidenciar que Ford era ignorante, le hicieron varias preguntas sobre cultura general, a las cuales Ford no tenía ni la más mínima idea de cuál era la respuesta, por lo que, sencillamente, Ford respondió con toda calma: "si me permiten llamar a uno de mis asesores, les tendré la respuesta en seguida".

Ese es el verdadero poder de la inteligencia: ser parte de la solución, no del problema. Y es el conocimiento el que permite desarrollar la capacidad no solo para resolver problemas sino para encontrar soluciones y más aún, prevenirlos.

Ford era un experto en su área, la automotriz, pero fue su visión lo que le sirvió para posicionarse como uno de los más innovadores en su área.

Era un experto porque siempre estaba aprendiendo para innovar.

Sé un aprendiz toda la vida. Es la única manera de alcanzar el éxito. Quienes hemos tomado la decisión de emprender un negocio o empezar a invertir el primer paso que hemos tomado es la de aprender. Adquirir conocimientos es lo que nos permitirá lograr objetivos.

He aquí unas cuantas tareas a las que le debes poner bastante atención desde el comienzo si quieres empezar a invertir o a ser dueño de negocios:

Aprende sobre tus impuestos

Conocer las herramientas básicas a las que te puedes acoger para que tus impuestos rindan el máximo provecho posible para tu inversión o negocio es fundamental al inicio de todo emprendimiento. Esto determinará el tiempo que tu negocio o inversión se mantenga respirando tranquilo. De ninguna manera se trata de evadir impuestos, al contrario. La mejor manera de optimizar recursos es a través del conocimiento. No olvidemos que existen maneras legítimas de reducir la carga tributaria para nuestro negocio o inversión, sin caer en la evasión.

La vía más rápida hacia la libertad financiera es la del inversionista

Por si aún no te has dado cuenta, la manera más rápida y directa de hacerse rico es a través de las inversiones. Invierte, prueba, lánzate. Invertir no es posible si no se cuenta con capital, eso lo tenemos claro. Ahorra lo justo para invertir. La única razón para ahorrar es para poder invertir. En mi libro *"Multiplica tu dinero por diez en tan solo cinco años"* te cuento cómo puedes multiplicar tu dinero invirtiendo a través del apalancamiento, cosa que no se puede hacer cuando se ahorra. No puedes ahorrar con apalancamiento. Tu ahorro nunca se multiplicará de manera exponencial. Ese es el verdadero poder de las inversiones.

Piensa como jefe y no como empleado

Lo más difícil de la transición de empleado a jefe es dejar de pensar como empleado y centrarse en tareas que son específicas de jefes. Nada tan contradictorio desde el comienzo. Pasar de tener un horario específico de trabajo a no tener la certeza de cuándo terminará tu jornada de labor. De ser simple espectador sobre el dinero y tener tu cheque cada fin de mes a ver cómo tú dinero se esfuma poco a poco en cada gasto de tu negocio o inversión.

Soñar no cuesta nada, pero sueña con los pies en la tierra

Todos hemos soñado alguna vez con ser dueño de un negocio. Pero pocos tienen la certeza de lo que ello implica: horas sin descanso, noches sin dormir, trabajo duro sin remuneración, etc. Nuestro sueño recurrente de ser dueño de negocio o inversionista es lograr mucho dinero sin mucho esfuerzo y de la noche a la mañana. Cuando descubrimos que aquello no era ni de lejos lo que habíamos soñado, la desesperación nos toma como rehén. Y bajamos los brazos. Nuestros millones se esfuman como si fueran humo al igual que nuestras ganas. El entusiasmo que una vez sentimos se convierte en un trago amarga difícil de tomar. La derrota moral suele ser dura de asimilar pues golpea directo a nuestra autoestima. Estar preparado para cualquier eventualidad es clave para sobrellevar una posible derrota. ¿Cómo prepararse para cualquier posible eventualidad? Elabora un plan de negocios. Un plan de negocios es como un plano en la construcción: sin él no podrás construir nada que valga la pena. El plan de negocio será la guía que te marcará la ruta a seguir.

Invierte solo en lo que conoces y de verdad te apasiona

Como te lo comenté hace un rato, no hay nada más peligroso que un idiota con iniciativa. Hasta que no seas un verdadero experto invierte solo en lo que te apasiona y conoces muy de cerca. Lo contrario es correr riesgos innecesarios. Enfócate al principio solo en inversiones de capital tangible y con riesgos calculados. Inversiones que tengan una aceptable tasa de retorno a corto plazo. Un buen ejemplo de esto son las Bienes Raíces.

Los ingresos son la clave para cualquier inversionista

No te limites a tener una única fuente de ingresos para tu plan de negocio. Esta es la mayor causa de fracaso de emprendedores y dueños de negocios al inicio de su carrera. La mejor manera de darle suficiente "oxígeno" para su emprendimiento es contar con una tasa de retorno adecuada para sostener su mantenimiento. Buscar oportunidades de obtener activos que requieran mínimo esfuerzo es clave en esta etapa. Y aquí nuevamente me atrevo a recomendarte que inviertas en Bienes Raíces.

No desesperes que nada es "de la noche a la mañana"

Quienes prometen que la riqueza está a la vuelta de la esquina solo quieren de ti una cosa: tu dinero. Ignora todas esas ofertas que te prometen hacerte rico de la noche a la mañana como por arte de magia en tiempo récord. Eso no existe. Para lograr nuestros propósitos se requiere tiempo, tacto y paciencia. Mucha disciplina, voluntad y un esfuerzo enorme. No existe otra forma, hay que pagar el precio. No hay atajos. Pero la satisfacción es enorme. Detrás de todo logro hay un trabajo planificado a conciencia por un equipo de trabajo que ha hecho bien su tarea: estudiar los pros y los contras del plan de negocio que se implementará. Y para ello se debe contar con conocimiento. Otra vez: invierte en conocimiento.

Hay quienes creen -incluso están convencidos- que asistir a cursos, talleres o asistir a charlas para aumentar nuestros conocimientos sobre lo que queremos iniciar es una pérdida de tiempo. Son quienes, desgraciadamente, también tratan de convencernos que "invertir es arriesgado", y no se dan cuenta que, en realidad, lo más arriesgado es la falta de conocimientos. Es la falta de conocimientos lo que nos hace ver riesgos en cada proceso. Y es precisamente esa falta de conocimientos lo que lleva a cometer errores que podrían fácilmente evitarse si se tuviera un poco de conocimiento.

Felicidad o Riqueza... ¿Por qué no ambas?

"Más fácil es para un camello pasar por el ojo de una aguja a que un rico entre al reino de Dios..."

Marcos 10:25

Siempre escucho a la mayoría de la gente decir con una especie de malsano placer, "la riqueza no da felicidad" como si lo uno no pudiese subsistir sin lo otro de manera natural. Ambos conceptos no son excluyentes. Partir desde la premisa equivocada de que el dinero nos descalifica para ser felices es vivir en un error.

Existen un montón de creencias que cuestionan -incluso satanizan- la adquisición o búsqueda de la riqueza convirtiendo esta legítima aspiración personal en la raíz de todos los males. Pero, ¿es en realidad este deseo ardiente de progreso personal y profesional la causante de toda tragedia y perdición de quien la posea?

Me parece que se exagera un poco.

Nadie está exento de sentir aspiración en la vida. Es un sentimiento lógico y muy básico. Está íntimamente ligado con el instinto primitivo de supervivencia. Y eso no tiene por qué ser satanizado.

Pretender elegir entre pobreza y felicidad es la mayor contradicción a la que podamos exponernos. Asumir que por el simple hecho de aceptar sumir nuestra existencia en una carestía o necesidad extrema podamos lograr la felicidad es tan surrealista que raya en la locura. Es frustrante. Y una contradicción en sí misma: Nadie puede ser feliz careciendo de todo, incluso de lo más indispensable para poder subsistir.

Y esa es precisamente la paradoja a la que se enfrentan quienes pregonan la miseria como una fuente inagotable de felicidad: que el dinero es indispensable y que, al mismo tiempo, empobrece la existencia. He conocido a muchos que, siendo pobres, son muy felices en medio de su necesidad. Y conozco a muchos más que, teniendo mucho dinero, sus vidas son un completo desastre. Y viceversa, gente pobre siendo miserablemente infelices y gente de mucho dinero sumamente felices. El dinero no tenía ningún rol fundamental en la vida de ellos. No era si tenían o les faltaba dinero para ser felices, simplemente, carecían de lo fundamental: una razón que les dé sentido a sus vidas. En pocas palabras, carecían de una vida con propósito. El dinero no es bueno o malo en sí mismo, se vuelve malo si se convierte en lo fundamental de tu vida, si lo haces tu único propósito. Al igual que con cualquier otra cosa.

Entonces, ¿se puede tener felicidad y riqueza al mismo tiempo?

Por supuesto. No existe nada más satisfactorio y que nos de mayor felicidad que tener un propósito en la vida, y ese propósito no tiene por qué estar reñido con la búsqueda de la riqueza. Además, la riqueza es, en la mayoría de los casos, una consecuencia lógica de nuestro propósito de vida. Es un valor agregado. Y para que se entienda claramente: el dinero no nos da la felicidad, tampoco nos la quita. Podemos ser miserablemente ricos o miserablemente pobres. Tampoco la riqueza pone o quita virtudes como erróneamente muchos aseguran cuando dicen "soy pobre pero honrado", como si ser pobre fuese una virtud y ser rico fuese un vicio.

Si eres rico o eres pobre, tu felicidad dependerá de lo que tengas en tu corazón, no en tu bolsillo. Los valores que hayas adquirido en tu vida marcarán el rumbo de tu vida.

¿En serio crees que es mala suerte?

Henry Ford dijo una vez: "¡Qué extraño, cuanto más me esfuerzo, más suerte tengo!

Todos sabemos lo que estas palabras significan: la suerte no existe, es producto del esfuerzo constante. J. Robert Oppenheimer, físico estadounidense, conocido como el "padre de la bomba atómica", lo describió mejor cuando aseguró: "Nuestra suerte no se halla fuera de nosotros sino en nosotros mismos y en nuestra voluntad."

La mayoría de nosotros dejamos nuestro destino en manos del azar. Y cuando ese azar nos juega una mala pasada, nos lamentamos de nuestra tragedia. Pasa en todas las etapas de nuestra vida. Incluso en situaciones tan trascendentales como nuestro futuro, dejamos que sea la suerte la que "resuelva" nuestra vida. Erróneamente creemos que una especie de divinidad o fuerza sobrenatural vendrá en nuestro auxilio aun cuando nuestros esfuerzos hayan sido nulos.

Nadie, ni siquiera el talento más extraordinario ha sido capaz de sobresalir sin poner un poco de dedicación y esfuerzo en él. Creer y querer lo contrario es como esperar que llueva hacia arriba. Solo hay que escuchar los testimonios de gente que demostró e hizo valer su talento para cerciorarnos que detrás de todo ese inmenso talento que muestran es fruto de toda una vida de esfuerzo y dedicación.

Dicen que la vida es cuestión de merecimientos. Y estoy de acuerdo con eso. Nadie puede aspirar a recoger frutos de un árbol que no ha sembrado. Pocos lo entienden. Pero el mundo está lleno de gente que quiere recoger frutos de árboles que nunca sembraron.

La decisión es tuya

Un día me dijeron: "Las decisiones que tomes hoy serán penas o alegrías mañana". Y bajo esa premisa he tratado de tomar decisiones que me sitúen en el lugar donde quiero estar. Muchas veces tomar la decisión correcta no siempre es fácil. Tenemos una natural inclinación hacia lo que nos es más fácil, más cómodo. Seguimos al pie de la letra la ley del mínimo esfuerzo.

Sabemos lo que tenemos que hacer y no siempre lo hacemos. Como comer una manzana todos los días para ser saludables. Es fácil comer una manzana todos los días, pero es más fácil no hacerlo. Es fácil querer una vida mejor, pero es más fácil no hacer nada.

Muchos nos pasamos la vida soñando construir un negocio que nos cambie la vida, pero somos incapaces de dar ese salto que nos podría llevar hacia ese sueño.

Es más fácil no hacer nada y creer que "es demasiado arriesgado" con tal de no salir de nuestra mentalidad cómoda. Nos parece demasiado el precio a pagar por tener ese tan anhelado sueño de libertad financiera. Y nos convertimos en esa gente que quiere cosechar frutos de árboles que nunca sembraron.

La decisión es tuya.

Un abrazo.

Otros libros de este autor:

El Gran Salto. Cuando la Pasión es más fuerte que el interés

Multiplica tu dinero por diez en tan solo cinco años

Invierte sin dinero en Bienes Raíces

Consigue tu riqueza haciendo lo que amas

Si te ha gustado este libro, por favor no dudes en hacérmelo saber. Cualquier duda o inquietud puedes escribirme a mi correo, me encantaría saber tu opinión: johnortegazambrano@gmail.com

No olvides compartir este libro.

Un abrazo.

John Ortega

John Ortega

Todos los derechos reservados ®

www.ingramcontent.com/pod-product-compliance
Lightning Source LLC
Chambersburg PA
CBHW060858170526
45158CB00001B/411